Frankfurter Institut
Stiftung Marktwirtschaft und Politik

Kleine Handbibliothek • Band 29

Der tiefgreifende Wandel der Gegenwart stellt alles bislang Gewohnte weltweit in Frage. Er legt zugleich die Schwächen unserer eigenen Gesellschaft und ihrer Einrichtungen bloß. In solcher Zeit ist beides geboten: kritische Rückschau und ein unverstellter, ordnender Blick nach vorn.

Die Kleine Handbibliothek des Frankfurter Instituts geht dazu wirtschaftlichen und gesellschaftlichen Grundfragen nach. Sie will – wissenschaftlich fundiert und allgemein verständlich – Antwort und Orientierung geben, damit wir die Veränderungen steuern und gestärkt aus ihnen hervorgehen können.

Prosperität
in einer alternden Gesellschaft

Mit Beiträgen von
Herwig Birg, Bernhard Boockmann
Stephanie Mohr-Hauke, Bert Rürup
Viktor Steiner, Andreas Storm
Ernst Ulrich von Weizsäcker

und einem Vorwort
von Gert Dahlmanns

Gefördert durch die

informedia-Stiftung

Gemeinnützige Stiftung für Gesellschaftswissenschaften
und Publizistik, Köln

© Juli 2000

Frankfurter Institut – Stiftung Marktwirtschaft und Politik
Kisseleffstraße 10, 61348 Bad Homburg

Telefon (06172) 66470 – Telefax (06172) 22292
e-mail: Institut@Frankfurter-Institut.de
internet: www.Frankfurter-Institut.de

ISBN 3-89015-078-0

Inhalt

Humansubstanz – Bevölkerungsentwicklung als ordnungspolitische Herausforderung
Vorwort
Gert Dahlmanns   7

Perspektiven der demographischen Entwicklung Deutschlands an der Schwelle zum 21. Jahrhundert
Herwig Birg   25

Bevölkerungsalterung und Wirtschaftswachstum: Hypothesen und empirische Befunde
Bert Rürup   83

Gesellschaftliche Alterung, Humankapital und Produktivität
Bernhard Boockmann und Viktor Steiner   107

Demographische Entwicklung und mögliche Antworten der betrieblichen Personalentwicklung
Stephanie Mohr-Hauke   137

Gesellschaftliche Alterung in der Wahrnehmung der Politik – Zur Debatte um die Reform der Alterssicherungssysteme
Andreas Storm 161

Erwerbsarbeit in der Dritten Lebensphase
Ernst Ulrich von Weizsäcker 187

Die Autoren 203

Humansubstanz – Bevölkerungsentwicklung als ordnungspolitische Herausforderung

Gert Dahlmanns

Die altersmäßige Zusammensetzung und Entwicklung unserer Bevölkerung zählt nicht zu den Themen, die Menschen und Politik in Deutschland besonders beschäftigen. Und doch dürfte gerade sie – mehr noch als alle fantasiebeflügelnden Zukunftstechnologien – Gesicht und Lebenswirklichkeit des heraufkommenden Jahrhunderts prägen und uns selbst in arge Bedrängnis bringen. Ausgerechnet diese nachhaltige Veränderungskraft unserer Zeit aber haben wir bis heute aus unserer Wahrnehmung und unseren politisch-gesellschaftlichen Strategien weitgehend ausgeblendet.

Dieser Befund muss aus mehreren Gründen alarmieren. Zum einen ist die Bevölkerungsentwicklung alles andere als ein Geheimfach. Sie hat es vielmehr mit allgemein zugänglichen, weithin verlässlichen Daten zu tun. Im Gegensatz zur technologischen Entwicklung, bei deren Prognose wir immer wieder auf Vermutungen angewiesen sein werden, ist die demographische Entwicklung im Wesentlichen auf Jahrzehnte hinaus programmiert und erlaubt schon damit ein Bild von der Zukunft, das der künftigen Realität sehr nahe kommen dürfte.

Zum anderen wird – wegen der wechselseitigen Bedingtheit der Bevölkerungs-, wirtschaftlichen, sozialen und gesellschaftlichen Entwicklung – der in Deutschland unaufhaltsam voranschreitende Prozess der demographischen Alterung viele der bisher für selbstverständlich gehaltenen Voraussetzungen unseres durchorganisierten gesellschaftlichen

Zusammenlebens zu Fall bringen und den überkommenen kollektiven Systemen ihren Boden entziehen. Wie wir uns auf diese Situation einstellen, ist damit von höchster praktischer wie ordnungspolitischer Brisanz.

Und doch wurde in Deutschland bislang allenfalls an Symptomen kuriert – Beispiel Rente –, einer umfassenden Beschäftigung mit dem beunruhigenden, an den Nerv des Umverteilungsstaats gehenden Thema jedoch aus dem Weg gegangen. Dessen globale Dimension wurde erst gar nicht in den Blick genommen. Stattdessen herrscht in unserem Lande bis heute ein weitreichender Unwille vor, die daraus herrührenden Probleme überhaupt an uns heranzulassen, geschweige denn, sie im Zusammenhang und mit vorausschauender Gestaltungskraft zu lösen. Dabei sprechen die Zahlen innerhalb wie außerhalb unseres Landes eine deutliche Sprache.

Schon heute teilt sich die Menschheit, demographisch betrachtet, in eine schrumpfende Welt mit stetig alternder Bevölkerung und in eine wachsende, in der die Hälfte der Bewohner jünger als 25 Jahre ist. Die eigentliche Sprengkraft dieser Entwicklung liegt in der Gewichtung beider Teile. Vergreisen werden innerhalb der nächsten Jahrzehnte vor allem die heute wichtigsten Industrienationen – voran Japan, Westeuropa und die Vereinigten Staaten. Zusammengenommen erwirtschaften diese derzeit aber nicht nur fast zwei Drittel des Weltsozialprodukts. Ihnen kommt darüber hinaus eine Schlüsselstellung innerhalb der Vorkehrungen für globale Sicherheit und wirtschaftliche Stabilisierung zu. Der Alterungsprozess gerade dieser Gesellschaften macht damit, über alle nationalen Schwierigkeiten hinaus, grundlegende Probleme globaler Entwicklung sichtbar, die ihrerseits sehr handfest auch auf uns zurückwirken werden.

Wenn die Welt sich unter diesen Vorzeichen demographisch neu zusammensetzt, dann hat das im Globalisierungszeitalter gravierende Auswirkungen auf alle und für jeden Bereich: auf das Wachstum und die Entwicklung der Güter-, Arbeits-, Finanz- und Vermögensmärkte, auf die Verteilungssituation im weltumspannenden Kontext und nicht zuletzt auf die gesamte geostrategische wie nationale Verteidigungslage und deren künftige Ausrichtung.

Was sich da in unserem eigenen Land ebenso wie im globalen Rahmen abzeichnet, ruft geradezu nach einer vorausschauenden, umfassenden Strategie in Bevölkerungsfragen. Doch die politischen und gesellschaftlichen Kräfte tun sich gerade bei uns schwer damit. Sie ziehen stattdessen, wie die aktuelle Green Card-Idee zeigt, die vermeintlich schnelle Lösung isolierter Einzelprobleme vor. Gerade in Bevölkerungsfragen aber ist das bei weitem zu kurz gesprungen. Denn hier geht es um biologische Grundgegebenheiten, bei denen in Generationenfolgen gedacht und das Handeln dementsprechend über lange Zeiträume hinweg angelegt werden muss. Lösungen im Hauruck-Verfahren sind da, jedenfalls als durchgängige Methode, so wenig hilfreich wie der Versuch, Schwangerschaften künftig auf wenige Wochen zusammenzudrängen oder soziale Großsysteme, in die Millionen von Menschen eingebunden sind, kurzfristig umzustellen. Zeit ist in diesen wie in anderen Instanzen unserer gesellschaftlichen Organisation der eigentlich kritische Faktor. Kurzzeitdenken und Handeln in Ausschnitten wirken daher in Bevölkerungsfragen generell besonders schädlich.

Es ist nicht gut um unsere sogenannte Informationsgesellschaft bestellt, wenn sie diese einfachen Erkenntnisse und die sie stützenden, reichlich vorhandenen Basisinformationen erst gar nicht an sich heranlassen will – vielleicht, weil die Unabwendbarkeit der demographischen Entwicklung etwas Verstörendes hat und zum Handeln zwingt, sobald man sich auf sie einlässt. Nicht unsere Einstellung gegenüber dem *Unvorhersehbaren*, nur schwer zu Entschleiernden, ist deshalb zu bemängeln. Der eigentliche Skandal ist unsere Verdrängung des *Vorhersehbaren* und die daraus herrührende Tatenlosigkeit. Am Umgang mit der demographischen Entwicklung wird dies besonders deutlich.

Alterung und Jugendschwund

Schon der Blick auf die beiden Schlüsselgrößen demographischer Entwicklung – *Fertilität* und *Mortalität* – ergibt für Deutschland einen eindeutigen Befund. Er kann niemanden beruhigen. Zum einen geht die Zahl der Geburten laufend zurück. Wegen der niedrigen Geburtenziffern der siebziger und achtziger Jahre fehlen uns heute die jungen Menschen, die als Eltern für die nächste Generation in Betracht gekommen wären. Mit immer weniger potenziellen Eltern aber ist der weitere Rückgang der Kinderzahl programmiert. So pflanzt sich die Geborenenlücke immer weiter fort. In Deutschland herrscht, gemessen am bestandserhaltenden Niveau, schon heute ein Geburtendefizit von etwa 40 Prozent. Mithin wird die Gesamtbevölkerung Deutschlands künftig nicht nur beträchtlich schrumpfen – von derzeit rund 82 Millionen Menschen auf etwa 70 Millionen um das Jahr 2030 und auf 58 bis 60 Millionen anno 2050, jeweils ohne Einwanderung gerechnet. Sie wird vor allem auch anteilsmäßig altern. Dieser Trend wird dadurch verstärkt, dass die Sterbewahrscheinlichkeit im höheren Alter deutlich geringer ist als früher und damit die sogenannte „fernere Lebenserwartung" entsprechend höher liegt. Bei den älteren Jahrgängen wächst die Gruppe der 80- bis 100-Jährigen in Deutschland gegenwärtig am schnellsten.

Dies zusammengenommen macht Deutschland zu einer der am augenfälligsten alternden Gesellschaften der Welt. Laut Statistischem Jahrbuch 1999 wird der Anteil der unter 20-Jährigen an der Gesamtbevölkerung von derzeit etwa 21 Prozent innerhalb der nächsten vierzig Jahre auf 15 Prozent fallen. Der Anteil der über 60-Jährigen hingegen wird im gleichen Zeitraum von etwa 22 Prozent auf 37 Prozent ansteigen, sich also nahezu verdoppeln. Damit erscheint in den Worten des Bamberger Bevölkerungswissenschaftlers Josef Schmid das Menetekel des Jugendschwunds an der Wand – die kritische Schwelle, jenseits derer schrumpfende Jugendjahrgänge nicht mehr die notwendigen Innovationen liefern, um im weltweiten Wettbewerb der Wissensgesellschaften bestehen oder auch nur den Status quo halten zu können. Wir haben es also mit einer gewaltigen, auf lange Dauer angelegten Bevölkerungsimplosion zu tun, die viele unserer bisherigen wirtschaftlichen und gesellschaftlichen Prämissen umstoßen wird. Derzeit sind keinerlei Faktoren in Sicht, die diesen Trend nachhaltig umkehren könnten.

Dass *Einwanderung*, die dritte Einflussgröße demographischer Entwicklung, ihn aufhalten oder gar wesentlich zurückführen könnte, ist ein häufig gepflegter Irrtum. Er musste schon in der Vergangenheit laufend als Vorwand für politische Tatenlosigkeit herhalten. Dabei ist ziemlich unbestritten, dass nur eine jahrzehntelange, unablässige Nettozuwanderung von durchschnittlich deutlich mehr als 500.000 Menschen pro Jahr diesen Prozess stoppen könnte, und auch das nur dann, wenn alle Zuwanderer jünger als zwanzig Jahre sowie nach unserem Verständnis arbeitswillig und integrationsbereit sind. Da es überdies immer auch Abwanderungen in beträchtlicher Höhe gibt, müsste Deutschland jährlich mehr als eine Million Migranten mit den genannten Eigenschaften aufnehmen, um den Zuwanderungsgewinn zu erzielen. Das Illusorische einer solchen Vorstellung leuchtet auf Anhieb ein.

Die so skizzierte, auf kurze und mittlere Sicht nicht mehr umkehrbare Entwicklung wird nahezu alles tangieren, was in Deutschland einst – unter ganz anderen Basisannahmen – an politischen, sozialen und gesellschaftlichen Vorkehrungen für die Zukunft getroffen und was an Erwartungen bis heute genährt wurde. So wirkt der Alterungsprozess unserer Gesellschaft sich am augenfälligsten auf alle Sparten kollektiver Systeme – wie Renten, Gesundheitsleistungen und Pflegedienste – aus, deren Umlageverfahren auf Dauer nicht mehr funktionieren kann, weil es die immer weiter abnehmende Erwerbsbevölkerung in die Knie zwingen wird. Würden wir so weitermachen wie bisher, wären die Systeme zum Zusammenbruch verurteilt und eines nahen Tages nicht einmal mehr reformierbar.

Doch von der Bevölkerungsentwicklung erfasst wird auch die gesamte Arbeitswelt, die demnächst mit einer ständig schrumpfenden Zahl von Erwerbstätigen auskommen muss. Nach Berechnungen des Nürnberger Instituts für Arbeitsmarkt- und Berufsforschung schrumpft das Erwerbspersonenpotenzial schon jetzt jährlich um bis zu 200.000 Personen. Bis zum Jahr 2040 würde die Zahl der Erwerbspersonen ohne Zuwanderung und bei konstanten Erwerbsquoten von heute 41 Millionen auf etwa 25 Millionen absinken. Und selbst bei einer jährlichen Nettozuwanderung von 100.000 Personen gäbe es dann bei unveränderter Erwerbsneigung immer nur noch 31 Millionen Erwerbpersonen. Wenn aber tendenziell immer weniger erwirtschaftet wird und davon zugleich immer mehr verteilt werden muss – die Bundesbank geht davon aus, dass den kollektiven Kassen im Jahr 2030 rund 17 Millionen Beitragszahler fehlen –, dann kann dies ohne kluge Gegensteuerung auch Wachstum und Prosperität nicht unberührt lassen. Es könnte sich also sehr bald erweisen, dass unsere Sicherheit und Selbstgewissheit auch insoweit auf tönernen Füßen steht.

Ob es dazu kommt, ob diese Auswirkungen letztlich negativ zu Buche schlagen, ob sie auch das Verhältnis der Generationen zueinander nachhaltig stören und möglicherweise selbst der freiheitlich-demokratischen Ordnung zur Gefahr werden könnten, das hängt in erster Linie von der Strategie ab, mit der wir der neuen Lage begegnen wollen. Bei der Entwicklung dieser Strategie müssen Wirtschafts-, Sozial- und Gesellschaftspolitik zu einem stimmigen Ganzen zusammengeführt werden. Dazu gehören Wettbewerbs-, Arbeitsmarkt- und Steuerpolitik ebenso wie die Familien- und Bildungspolitik und natürlich die Migrationspolitik.

Bislang konnte von einer Zusammenführung aller politisch-gesellschaftlichen Teilbereiche unter dem Aspekt der Bevölkerungsentwicklung keine Rede sein. Alles Sinnen und Trachten war in Deutschland stattdessen darauf gerichtet, die einmal installierten Systeme in Gang zu halten, koste es, was es wolle, und das im wahrsten Sinne des Wortes. Rücksicht auf Ressourcen wurde kaum genommen, Effizienz klein geschrieben und die absehbare demographische Entwicklung ausgeklammert – von der Freiheit des Bürgers, in seinen eigenen sozialen Angelegenheiten wenigstens mitentscheiden und verantwortlich agieren zu können, ganz zu schweigen. Vor dieser durchaus gespenstischen Kulisse wurden von Regierungsseite wider besseres Wissen jahrzehntelang Sicherheiten verkündet, die es nicht gab und Versprechungen plakatiert, die schon auf mittlere Sicht von niemandem mehr eingelöst werden können.

Vom Umgang mit dem Vorhersehbaren

Dieses Politik- und Gesellschaftsverständnis der Vergangenheit hat sich vor dem Hintergrund wachsender Transparenz inzwischen selbst diskreditiert. Will Politik demgegenüber auch bei den Systemfragen wieder ihren Beitrag zur Zukunftsgestaltung leisten – und das ist eine ihrer originären Aufgaben –, dann muss sie sich auch hinsichtlich der demographischen Entwicklung auf den Boden der Realität begeben und mit ihren Reformen an allen für die langfristige Stabilität der Systeme entscheidenden, von der demographischen Entwicklung gefährdeten Stellen ordnungspolitisch stimmig ansetzen. Im Folgenden sollen Stichworte zu vier Politikfeldern genügen.

Für die *Altersvorsorge* ist das bisherige System, bei dem derzeit über 80 Prozent aller Alterseinkommen im Umlageverfahren finanziert werden, nicht mehr lange haltbar. Die prognostizierbaren Zahlen verdeutlichen die Zwickmühle, in die das System, seit langem vorhersehbar, hineingeraten ist. Wollte man das Rentenniveau – also das Verhältnis der Renten zum Durchschnittseinkommen – von derzeit 70 Prozent konstant halten, müsste angesichts der demographischen Entwicklung und ihrer Folgewirkungen der Beitragssatz von jetzt rund 20 Prozent immer weiter angehoben werden: nach der Datenbasis des Bielefelder Bevölkerungswissenschaftlers Herwig Birg auf 31,1 Prozent im Jahr 2020, sodann auf 43,6 Prozent im Jahr 2035 und schließlich auf 46,9 Prozent im Jahr 2050. Will man hingegen solche gar nicht verkraftbaren Beitragsexplosionen vermeiden und den Beitragssatz einigermaßen konstant halten, müsste das Rentenniveau fortlaufend absinken: auf 45 Prozent im Jahr 2020, auf 32 Prozent im Jahr 2035 und auf 29 Prozent im Jahr 2050. Birg weist überdies nach, dass auch eine Erhöhung des Anteils der Beitragszahler durch Reduzierung der Arbeitslosigkeit die skizzierten Probleme nur für wenige Jahre aufschieben, nicht aber sie abwenden kann.

Es führt also kein Weg an einem zumindest teilweisen Übergang zum weniger altersabhängigen Kapitaldeckungsverfahren vorbei. Immerhin wird dies heute gesehen und unter großen Geburtswehen an einer parteiübergreifenden Lösung gearbeitet. Frankfurter Institut und Kronberger Kreis hatten dies der Politik freilich bereits vor 15 Jahren nahe gelegt. Hätte sie sich seinerzeit unter wesentlich günstigeren Bedingungen dazu bequemt, wäre ein beträchtlicher Teil der heutigen Probleme erst gar nicht entstanden.

Dass über die partielle Systemumstellung hinaus künftig eine ganze Reihe weiterer gesellschaftspolitischer Maßnahmen ergriffen werden sollte, um die Auswirkungen der demographischen Entwicklung auf das Rentensystem zu mildern, sei hier nur der Vollständigkeit halber erwähnt. Sie reichen von der Straffung der Studien- und Ausbildungszeiten über den Aufbau einer eigenen, ganz neue Anreize setzenden Alterssicherung für Frauen und spätere Rentenabschläge für Kinderlose bis hin zu gesellschaftlichen Arrangements, die den Entschluss zum Kind erleichtern. Politische Fantasie, die um die ordnungspolitischen Zusammenhänge in einer freiheitlichen Gesellschaft weiß, findet hier ein sinnvolles Betätigungsfeld und könnte zugleich das notwendige Umdenken erleichtern.

Auch im Bereich der *Gesundheitsleistungen* erzwingt die demographische Entwicklung grundlegende Veränderungen. Das System der Gesetzlichen Krankenversicherung beruht, insoweit dem Rentensystem ähnlich, ebenfalls auf dem Umlageprinzip, bei dem die Beitragszahler die Leistungen an die Versicherten, an deren Familienangehörigen und die Rentner fortlaufend finanzieren. Da bei uns jeder Versicherte, unabhängig von seinem Einkommen und seiner Beitragsleistung, einen umfassenden medizinischen Versorgungsanspruch auf höchstem qualitativen Niveau hat, werden – angesichts der demographischen Veränderungen und des nicht zu bremsenden medizinischen Fortschritts – demnächst immer weniger Erwerbstätige einer immer größeren Zahl älterer und hochbetagter Menschen immer teurere Behandlungen finanzieren müssen. Da die pro Kopf berechneten Gesundheitskosten aber gerade bei den höheren Altersgruppen ihre Spitze erreichen, werden die Gesundheitskosten spätestens dann endgültig explodieren, wenn die heute Erwerbstätigen ihrerseits Senioren geworden sind. Mit dieser Situation kann das überkommene System nicht mehr fertig werden.

Verantwortliche Gesundheitspolitik hat deshalb nicht nur die selbstverständliche Aufgabe, der durch falsche Anreize innerhalb des bisherigen Systems eingerissenen Verschwendung Einhalt zu gebieten, die dort vorhandenen Wirtschaftlichkeitsreserven auszuschöpfen und die Effizienz zu steigern. Sie muss sich vor allem zu einer Reform der Grundlagen aufraffen und das Gesundheitssystem in seiner Gesamtheit mit der demographischen Entwicklung in Einklang bringen. Diese macht es langfristig unausweichlich, lediglich noch einen Basiskatalog an Gesundheitsleistungen über die Sozialversicherung zu finanzieren. Medizinische Maximalversorgung wird nur um den Preis privater Zusatzvorsorge erhältlich sein. Vorschläge für eine langfristig orientierte Gesundheitsreform aus einem Guss liegen ebenfalls vor. Sie sind das Gegenstück zur unsäglichen, kontraproduktiven Flickschusterei unserer Tage und Jahre und orientieren sich an den nahezu unerschöpflichen Möglichkeiten des Marktes, der den ganz unterschiedlichen Interessen und Präferenzen seiner Teilnehmer Raum und dem System in seiner Gesamtheit Lebensluft gibt.

Die *Beschäftigung* ist ein weiteres Feld, auf dem gründlich umgedacht werden muss. Hier erzwingt die demographische Entwicklung einen profunden Einstellungswandel gegenüber der Erwerbstätigkeit älterer Menschen überhaupt. Von den bis heute gängigen Konzepten frühzeitiger Verabschiedung aus dem Arbeitsleben werden wir ebenso abrücken müssen wie von der Vorstellung einer sich ständig verkürzenden Lebensarbeitszeit – von der noch bis vor kurzem törichterweise propagierten Rente mit 60 einmal ganz abgesehen.

Das Gegenteil von all dem ist erforderlich. Um die aus der Alterung erwachsenden Probleme wenigstens einigermaßen in den Griff zu bekommen, bleibt gar keine andere Wahl, als das im Verlauf der Zeit immer weiter zurückgehende Erwerbspotenzial besser als bisher zu nutzen. Gelingt uns das nicht, besteht die Gefahr, daß Produktivitätsentwicklung und Wachstum zurückgehen und die ohnehin schon gewaltigen Folgeprobleme der demographischen Alterung sich dadurch an allen Fronten noch verschärfen. Dann aber wären die Auswege aus dem Dilemma vollends versperrt. Deshalb muss, in den Worten des Wirtschaftsweisen Bert Rürup, die Wachstumsbremse Alter gelockert werden. Das erfordert freilich aufseiten des Staates wie der Tarifpartner und auch in der Personalpolitik der einzelnen Unternehmen eine Vielzahl aufeinander abgestimmter Maßnahmen, die allesamt darauf abzielen, das zurückgehende Potenzial an Erwerbspersonen auszuschöpfen und einen höheren Beschäftigungsgrad zu erreichen.

Auch hier geht es also um nicht weniger als einen Strategiewechsel. Wir werden einerseits von so manchen Formen bisherigen Jugendkults abrücken und die Verengung unserer Vorstellungskraft sowie der gesellschaftlichen Instrumente auf den Typus des jungen dynamischen Menschen korrigieren müssen. Andererseits müssen wir gleichzeitig alles daran setzen, dass unser Land in Zukunft überhaupt noch über ein nennenswertes Jugendreservoir verfügt. Ökonomisch betrachtet ist Jugend das wichtigste Investitionsgut, das es zu schaffen und zu pflegen gilt. Vorausschauende Politik, die ihre Verantwortung für die Zukunft des Landes ernst nimmt, kann also gar nicht umhin, mit dieser Zielsetzung alle dafür zugänglichen Bereiche zu aktivieren.

Schließlich muss die *Einwanderung* zu einem integrierten Bestandteil zukunftssichernder Politik werden. Gerade unser bisheriger, von Berührungsängsten gekennzeichneter Umgang mit diesem Thema aber macht deutlich, wie sehr wir die Grundtatsache des demographischen Umbruchs aus dem kollektiven Bewusstsein verbannt haben. Dabei sind die Warnungen der Bevölkerungswissenschaftler seit langem unmissverständlich: Deutschland muss sich entscheiden, was es haben will – eine dramatische Bevölkerungsschrumpfung oder dramatisch zunehmende Einwanderung. Doch vor dieser Entscheidung haben sich bislang alle gedrückt. So spiegelt das Zögern der Politik, in dieser Frage klare Positionen zu beziehen, nur die tiefsitzende Scheu der Gesellschaft wider, sich dem gesamten damit angeschnittenen Problemkreis Bevölkerungspolitik überhaupt zu nähern. Zwölf Jahre nationalsozialistischer Usurpation des Themas haben es hierzulande mit einem Bann belegt, der bis in unsere Tage einer rationalen Behandlung entgegenstand.

Dass zumindest der Themenausschnitt Einwanderung heute, um die Jahresmitte 2000, Eingang in die öffentliche Diskussion gefunden hat, ist bezeichnenderweise nicht das Ergebnis langfristig angelegter politischer Strategie und deren Spiegelung im gesellschaftlichen Diskurs. Es ist eher die Folge der vom deutschen Bundeskanzler auf der diesjährigen Computer-Messe spontan verkündeten Green Card-Aktion, die – mit Hilfe erleichterter, selektiver und zeitlich begrenzter Einwanderung – dem zu Beginn des digitalen Zeitalters in Deutschland besonders spürbaren Mangel an Computerfachkräften abhelfen soll. Was immer von den Erfolgsaussichten dieser Aktion zu halten ist: immerhin werden dadurch, weit über den eigentlichen Anlass hinaus, Fragen gestellt und Diskussionen angestoßen, die nunmehr das Gesamtproblem der demographischen Entwicklung und ihrer Folgewirkungen ins Blickfeld rücken.

Kann Deutschland, so lautet eine der Fragen, angesichts der alternden Erwerbsbevölkerung überhaupt noch seine Innovationsfähigkeit erhalten, wenn es nicht zugleich eine gezielte Einwanderungspolitik entwickelt, wenn es also die Zuwanderungswilligen nicht nur zahlenmäßig kontingentiert, sondern sie auch nach bestimmten, an den nationalen Interessen und am wirtschaftlichen Wohl des Landes orientierten Kriterien auswählt und sich für diese Menschen attraktiv macht? In anderen Ländern ist auch dies eine Selbstverständlichkeit.

Was wir also brauchen, ist eine breit angelegte politische und gesellschaftliche Reflexion über den Nutzen von Zuwanderung einschließlich der Probleme, die damit einhergehen. Am Ende dieses Prozesses müssen klare gesetzliche Regelungen für eine aktive Einwanderungspolitik stehen, die den Interessen des Landes gerecht werden und zugleich den Zuwanderern verlässliche Zukunftsperspektiven bieten. Dass in diese Überlegungen auch die künftige Ausgestaltung des Asylrechts einbezogen werden muss, dürfte angesichts der sich neu zusammensetzenden Welt des 21. Jahrhunderts außer Frage stehen.

Freilich darf uns auch ein noch so gutes Einwanderungsgesetz nicht in falscher Sicherheit wiegen. Es kann unser demographisches Dilemma allein niemals lösen und entbindet uns daher nicht von der Notwendigkeit, weitere eigene Anstrengungen zu unternehmen, um mit den Folgewirkungen unserer Bevölkerungsentwicklung fertig zu werden.

Wider die Selbsttäuschung

Dass die Diskussion über eine Umorientierung deutscher Einwanderungspolitik inzwischen angestoßen wurde und aufgegriffen wird, ist bereits ein Fortschritt. In der Sache selbst enthüllt sie freilich eine ganze Reihe tiefsitzender Selbsttäuschungen, die für unseren Umgang mit dem gesamten Komplex demographischer Entwicklung kennzeichnend sind. Die erste: Deutschland sei im Wesentlichen eine „geschlossene Gesellschaft" und könne trotz seines demographischen Dilemmas auch ohne große Zuwanderungen zukunftsfähig bleiben. In Wirklichkeit leben wir bereits heute in vielfacher Weise von und mit der Zuwanderung und wären im übrigen ohne die höhere Kinderzahl der hier wohnhaften Ausländer längst geschrumpft. Die zweite Selbsttäuschung: von draußen zu uns kommende qualifizierte Arbeitskräfte nähmen den deutschen Bürgern die Arbeit weg. In Wirklichkeit hat längst ein weltweiter Wettbewerb um die besten Arbeitskräfte eingesetzt, bei dem die immer mobiler werdenden Talente über alle Grenzen hinweg nachgefragt werden und schließlich dort vor Anker gehen, wo sich ihnen attraktive, erfolgversprechende Arbeits- und Lebensbedingungen bieten. Der Exodus deutscher Spitzenkräfte – vor allem aus den Branchen der Zukunftstechnologie – in andere Länder beleuchtet die Situation schlaglichtartig. Und auch darin täuschen wir uns, dass Deutschland sich des Zustroms hoch qualifizierter Talente geradezu erwehren müsste. Die Besten machen eher einen Bogen um unser Land, und schon deutet sich auch unter etlichen europäischen Staaten, die vor ähnlichen demographischen Problemen stehen, eine Konkurrenz um die attraktivsten Migranten an. Wir hingegen müssten also im eigenen Interesse um sie werben – mit den gleichen Anreizstrukturen, etwa in der Bildungs-, aber auch der Steuer- und der Beschäftigungspolitik, mit denen wir uns um das Bleiben unserer eigenen Spitzenkräfte bemühen müssen.

Die durch unsere Bevölkerungsentwicklung hervorgerufene Lage ist prekär und das, was von daher auf uns zukommt, sehr ernst zu nehmen. Nach Einschätzung von Josef Schmid haben wir es inzwischen mit einem politökonomischen System zu tun, das seine eigene Humansubstanz aufzehrt. In der Tat wissen wir alle noch nicht, wie eine Gesellschaft am Leben erhalten werden kann, deren einzelne Mitglieder wie selbstverständlich davon ausgehen, überhaupt nicht mehr auf (eigene) Kinder angewiesen zu sein, um sich die hierzulande gewohnten Standards für alle Zukunft zu sichern.

Umso mehr ist es an der Zeit, die Bevölkerungsentwicklung mit allen ihren Facetten auf die politische Agenda zu setzen. Die Beschäftigung damit darf nicht weiter hinausgeschoben werden und auch nicht auf Teilausschnitte beschränkt bleiben. Schon das gegenwärtig vorhandene Wissen um die demographischen Faktoren lässt ein Verstecken hinter Unkenntnis nicht weiter zu. Somit stehen die heute in

Politik und Gesellschaft Handelnden in der Verantwortung, klare, ordnungspolitisch stimmige Entscheidungen für morgen vorzubereiten und dafür zu werben. Bevölkerungspolitik im umfassenden Sinne ist an der Schwelle zum neuen Jahrhundert eines der wichtigsten Zukunftsthemen und die politische Langfristaufgabe schlechthin.

Dieser Aufgabe müssen wir uns jetzt stellen. Sie erneut hinauszuschieben wäre unfair und töricht. Unfair wäre ein „Weiter so" schon deshalb, weil es die jetzt sichtbar werdenden Folgen unseres eigenen bisherigen Tuns und Unterlassens, das diese Situation überhaupt erst heraufbeschworen hat, auf die kommenden Generationen überwälzen und sie damit alleine lassen würde. Und töricht wäre ein weiteres Zuwarten obendrein, weil es außer Acht ließe, wie sehr wir Heutigen auf die Fortsetzung des Generationenvertrags angewiesen sind. Die Probleme jetzt anzugehen und auch hier dem Leitkonzept der Nachhaltigkeit zu folgen mag unbequem sein. Es ist aber die Voraussetzung für künftige Prosperität. So wird entschiedenes Handeln sich letztlich auch für die heute aktive Generation auszahlen.

Gewiss, der alte Glaube an jene Art politischer Machbarkeit, die sich auch über die Gesetze der Ökonomie oder der Demographie hinwegsetzen kann, ist inzwischen gründlich erschüttert, und das ist gut so. Denn dieser Glaube stand sachgerechten Lösungen seit jeher im Wege und hat über Jahrzehnte hinweg unübersehbaren Schaden angerichtet. Machbar hingegen ist die jetzt notwendige, sachbezogene Reform der Systeme und Politikbereiche, wenn dabei weder die Realitäten noch die ökonomischen Gesetzmäßigkeiten verleugnet, sondern einbezogen werden. Machbar müsste es auch sein, alle gesellschaftlichen Kräfte auf das Ziel hin zu bündeln, wieder zu einer gedeihlichen Bevölkerungsstruktur zu kommen. Schon der ernsthafte Versuch, sich des Problems ganzheitlich und auf den verschiedenen Ebenen anzunehmen, würde der sich abzeichnenden Entwicklung einiges vom Charakter des Bedrohlichen nehmen und die Bürger für sich gewinnen.

In dem hier vorgelegten Sammelband führen Kenner der Materie an einige der damit angesprochenen Zentralthemen heran – in erster Linie unter der Fragestellung, wie es um die Prosperität in einer alternden Gesellschaft bestellt sein wird. Die Beiträge machen durchsichtig, worum es geht, und liefern handfestes Material für die unvoreingenommene Auseinandersetzung mit einem Thema, das in alle Lebens- und Politikbereiche ausstrahlt und niemanden unberührt lassen wird.

Perspektiven der demographischen Entwicklung Deutschlands an der Schwelle zum 21. Jahrhundert

Herwig Birg

1 Einleitung

Demographisch bedingte Probleme vorauszuberechnen ist einfach im Vergleich zu dem Versuch, die nicht quantifizierbaren Auswirkungen und die Reaktionen der Menschen auf diese Probleme ex ante zu analysieren. Dieser Versuch wird hier nicht unternommen. Inhalt der Darstellung sind primär die Ergebnisse der wissenschaftlichen Analysen und Prognosen der demographischen Entwicklung auf internationaler und nationaler Ebene.

Deutschland hat unter den Industrieländern im Hinblick auf seine absehbaren demographisch bedingten Probleme inzwischen zwar keine Sonderstellung mehr. Aber wenn auch diese Probleme für die meisten Industrieländer – mit Ausnahme z.B. der USA – eine vergleichbare Dimension haben, so ist Deutschland als wichtigstes Einwanderungsland unter den Industrieländern wegen seiner Geschichte im 20. Jahrhundert von diesen Problemen dennoch in anderer Weise betroffen als die anderen europäischen Nationen. Viele Menschen in Deutschland sind jedoch der Meinung, dass die Bevölkerungsentwicklung in unserem Land überhaupt keine größeren Probleme heraufbeschwört. Der diesbezügliche Optimismus nährt sich vor allem von der Unkenntnis der Fakten. Hinzu kommt, dass dieser Optimismus oft mit einer in Deutschland üblichen Selbstüberschätzung einhergeht, die sich auf folgenden Nenner bringen lässt: Warum sollte ein Volk, das im 20. Jahrhundert zwei Weltkriege und zwei Diktaturen überstand und zum wirtschaftlich stärksten Land Europas aufstieg, nicht auch die demographisch bedingten Probleme des 21. Jahrhunderts lösen?

Ob dies gelingt, hängt davon ab, ob sich die Inhalte der Begriffe „Volk" in dem von der Verfassung definierten Sinn als „Staatsvolk" und „Bevölkerung" einander annähern oder ob sich die verschiedenen Teilpopulationen – die Deutschen und die Zugewanderten, die Alten und die Jungen, die Ausgebildeten und die Ausbildungslosen, die Familien mit Kindern und die Kinderlosen, die Gesunden und die Kranken, die Starken und die Schwachen und die vielen anderen Interessengruppen – voneinander entfernen oder in gegenseitiger Solidarität füreinander einstehen werden. Entscheidend für das Gelingen ist die Entwicklung auf kulturellem Gebiet, von der letztlich auch die gesellschaftliche und die wirtschaftliche Entwicklung abhängt.

In den Ländern des westlichen Zivilisationstyps bedeutet der Begriff Kultur, freiwillig Verpflichtungen gegenüber Menschen zu übernehmen, denen man zu nichts verpflichtet ist, vor allem Verantwortung gegenüber den Schwachen und gegenüber den nicht mehr lebenden Generationen, auf deren Leistungen jede Kultur aufbaut. Von Anbeginn der Kulturentwicklung gehörte hierzu aber auch die freiwillige Übernahme einer Verantwortung gegenüber den kommenden Generationen, die keinerlei Möglichkeit haben, uns zu irgendetwas zu zwingen, einschließlich der Entscheidung für die Existenz dieser Generationen durch die Übernahme der Verantwortung in der Form von Elternschaft. Dass diese Verantwortung in Deutschland von immer weniger Menschen übernommen wird – rund ein Drittel der Frauen (und Männer) der nach 1960 geborenen Jahrgänge bleiben zeitlebens kinderlos – hat die Entwicklung ausgelöst, die im

Folgenden in ihren wichtigsten quantitativen demographischen Ausprägungen beschrieben wird.

2 Rahmenbedingungen der demographischen Entwicklung auf globaler und europäischer Ebene

2.1 Globale Ebene

Die Weltbevölkerungszahl wuchs von 1950 bis 1999 von 2,5 auf 6,0 Mrd. Menschen. Im gleichen Zeitraum nahm die Geburtenrate im Durchschnitt der Weltbevölkerung von 5 Kindern pro Frau auf 2,7 ab. Die Vereinten Nationen (Population Division) legen der mittleren Variante ihrer Weltbevölkerungsprojektionen die Annahme zugrunde, dass die Geburtenrate in den nächsten Jahrzehnten ebenso schnell abnimmt wie in den zurückliegenden, so dass das Bestandserhaltungsniveau der Fertilität (rd. 2,1 Kinder je Frau) bereits zwischen 2020 und 2040 erreicht wird. Trotz dieser unterstellten Abnahme der Geburtenrate wird aber die Weltbevölkerungszahl bis 2050 auf 8,9 und bis 2100 auf rd. 10 Mrd. weiterwachsen (mittlere Variante).[1]

Die Ursache für das Bevölkerungswachstum trotz rückläufiger Geburtenrate ist das sogenannten „Momentum" der Bevölkerungsentwicklung – der in der jungen Altersstruktur der Weltbevölkerung eingebaute „Schwung", der auch mit Begriffen wie „Eigendynamik" des Bevölkerungswachstums oder „Generationeneffekt" umschrieben wird. Diese Begriffe beziehen sich auf folgenden Sachverhalt: In den letzten Jahrzehnten nahm die Geburtenzahl der Weltbevölkerung von Jahr zu Jahr zu. Deshalb steigt die Zahl der ins

---

[1] UN (Ed.), World Population Prospects – The 1998 Revision, Vol. I, New York 1998, S. 2.

Elternalter nachrückenden Frauen und Männer noch bis 2040 von Jahr zu Jahr stark an. Selbst wenn bei diesen nachrückenden Jahrgängen die Kinderzahl pro Frau wie angenommen zurückgeht, wächst die absolute Zahl der Geburten, weil die Abnahme der Kinderzahl pro Frau durch die Zunahme der Zahl der potenziellen Mütter mehr als ausgeglichen wird.[2] Die Intensität des Bevölkerungsmomentums wird deutlich, wenn man eine Weltbevölkerungsprojektion unter der irre-alen Annahme durchrechnet, dass die Geburtenrate der Weltbevölkerung im Verlauf nur eines einzigen Jahres auf 2 Kinder pro Frau sinkt: Selbst dann würde die Weltbevölkerung auf über 7 Mrd. zunehmen.

Daraus folgt, dass wir uns auch im 21. Jahrhundert auf das Weltbevölkerungswachstum als eine unabänderliche Tatsache einstellen müssen, einschließlich der mit ihm verbundenen demographisch bedingten Probleme, die sich zu folgenden vier Problemgruppen zusammenfassen lassen:[3] (1) Zunehmender Wanderungsdruck in die Industrieländer, insbesondere nach Europa und Deutschland, (2) immer stärkere Verlagerung der Umweltproblematik von den Industrieländern auf die Entwicklungsländer (die USA werden beispielsweise z.Zt. von China hinsichtlich der SO_2-Emissionen überrundet), (3) abnehmende Steuer-

---

2 S. hierzu *H. Birg*: World Population Projections for the 21st Century – Theoretical Interpretations and Quantitative Simulations, Frankfurt a.M.: Campus/New York: St. Martin's Press, 1995, p. 122 u. Fig. 29, p. 137. Ferner: Dynamik des Weltbevölkerungswachstums, in: Spektrum der Wissenschaft, 9/1994. Die Weltbevölkerung, München 1996.
3 Die Vereinten Nationen veränderten in den letzten Jahren regelmäßig die Datenbasis für ihre Weltbevölkerungsprojektionen zurück bis 1950. In vielen Entwicklungsländern bedeutete dies, dass die Bevölkerungszahl und die Fertilität für die vergangenen Jahrzehnte immer wieder verringert wurde. Das hat zur Folge,

barkeit der politischen und gesellschaftlichen Entwicklung in vielen Entwicklungsländern und (4) Verlagerung des Schwerpunkts der wirtschaftlichen und politischen Entwicklung nach Asien, wo im 21. Jahrhundert so viele Menschen leben werden wie heute in der Welt insgesamt.

2.2 Europäische Ebene

In den südlichen Ländern der Europäischen Union ist die Geburtenrate auf Werte zwischen 1,1 und 1,4 Lebendgeborene je Frau gesunken (Italien, Spanien, Griechenland, Portugal, Deutschland), in den nördlichen Ländern auf Werte zwischen 1,5 und 1,9 (Frankreich, England, Niederlande, Schweden, Norwegen). Der gesamteuropäische Durchschnitt einschließlich der ost- und südosteuropäischen Länder und der Russischen Föderation beträgt 1,4 Lebendgeborene pro Frau. Mit Ausnahme allenfalls von Frankreich fehlt in den Ländern der EU der politische Wille, die Geburtenrate durch familien- und sozialpolitische Maßnahmen auf das Bestandserhaltungsniveau von rd. 2 Kindern je Frau anzuheben. Aber auch wenn dieser Wille vorhanden wäre, sind nach den Ergebnissen der Wirkungsanalysen, die in der Bevölkerungswissenschaft für eine Reihe von Industrieländern durchgeführt wurden, Zweifel angebracht, ob eine Geburtenrate von 2 Kindern je Frau überhaupt erreichbar wäre. Die Zweifel werden unterstützt durch die von mir mit dem Begriff „*demo-ökonomisches Paradoxon*" bezeichnete, international gültige Regel, die

dass auch das prognostizierte Weltbevölkerungswachstum nach unten korrigiert wurde. Daraus wurde und wird in der Öffentlichkeit oft der falsche Schluss gezogen, als ob das Weltbevölkerungswachstum sich real stark verlangsamt hätte, während die Verlangsamung des Wachstums zum großen Teil auf den Korrekturen der statistischen Datenbasis für die Vergangenheit beruht. Siehe hierzu meinen Leserbrief in der Frankfurter Allgemeinen Zeitung vom 17.12.1996.

besagt, dass die Menschen sich in entwickelten Gesellschaften umso weniger Kinder leisten, je mehr Kinder sie sich aufgrund des steigenden Realeinkommens objektiv leisten könnten. Fragen der Fortpflanzung hängen allerdings letztlich nicht von ökonomischen, sondern mehr noch von kulturellen Bedingungen ab, aber da sich die kulturellen Aspekte in den ökonomisch und demographisch relevanten Verhaltensweisen niederschlagen, lässt sich das komplexe Bedingungsgeflecht der Einflussgrößen des generativen Verhaltens dennoch in folgende analytische Kategorien aufschlüsseln:

(1) Direkte ökonomische Kosten von Kindern: Im Vergleich zu industriellen Konsumgütern nahmen die Preise für Dienstleistungen im Bereich von Erziehung, Bildung und Betreuung als direkte ökonomische Kosten von Kindern relativ stark zu.

(2) Der Stellenwert der *indirekten ökonomischen Opportunitätskosten* von Kindern, vor allem die bei der Substitution von Erwerbsarbeit durch Familienarbeit entgangenen Erwerbseinkommen, erhöhte sich bei den Nutzen-Kosten-Abwägungen im Rahmen von biographischen Entscheidungskalkülen.

(3) Die indirekten *nichtökonomischen Opportunitätskosten* von Kindern nahmen generell zu (Einbuße an allgemeiner biographischer Wahlfreiheit von Männern und Frauen durch die Risiken langfristiger biographischer Festlegungen bei Partnerbindungen, vor allem bei Eheschließungen, und bei der Geburt von Kindern; Bedeutungsabnahme der Versorgungsehe als biographische Sicherheit der Frau durch das Arbeitsplatzrisiko des Mannes; Teilhabe der Frau an der sozialen Umwelt durch eigene Erwerbstätigkeit; Konflikte zwischen Familien- und Erwerbsarbeit).[4]

---

4 *H. Birg, E.-J. Flöthmann u. I. Reiter.* Biographische Theorie der demographischen Reproduktion, Frankfurt/New York 1991.

(4) Die auf kollektive Sicherungssysteme gestützte Absicherung existenzieller Risiken, insbesondere im Alter, verbesserte sich durch die sozialpolitischen Reformen seit Einführung der gesetzlichen Rentenversicherung Ende des 19. Jahrhunderts, so dass der sogenannte „Vorsorge- oder Investitionsnutzen" von Kindern sank: um abgesichert zu sein, musste man seitdem nicht mehr eigene Kinder haben.

(5) Das sich selbst erhaltende gesellschaftliche Desinteresse an den langfristigen Bevölkerungsproblemen wird gestützt und verfestigt durch die an kurzfristigen Legislaturperioden orientierten Entscheidungskalküle der Politik.

(6) Der sogenannte „Wertewandel" wird als ein unbeeinflussbares, exogenes Phänomen thematisiert und als eine wesentliche Ursache des "demographischen Wandels" interpretiert, das sich der politischen Gestaltung angeblich entziehe.

Die direkten ökonomischen Kosten und die indirekten ökonomischen Opportunitätskosten von Kindern sind durch politische Maßnahmen zur Verbesserung der Vereinbarkeit von Familienarbeit und Erwerbsarbeit immerhin teilweise beeinflussbar. Dagegen entziehen sich die nichtökonomischen biographischen Opportunitätskosten als ein immanentes Ergebnis des Entwicklungs- und Zivilisationsprozesses der Gestaltung durch ökonomische Anreize, zumal sie entweder überhaupt nicht oder nur auf höchst komplexe Weise von ökonomischen Faktoren abhängen. Umso wichtiger wäre die Gestaltung der gesellschaftlichen Rahmenbedingungen und die Anerkennung der großen Bedeutung der Wertsphäre und der Bewusstseinsbildung für eine an demographischen Zielen orientierte Politik. Bevölkerungspolitik hat jedoch keine politische Lobby. Der Begriff

„Bevölkerungspolitik" wird sogar als ein politisches Diffamierungsmittel instrumentalisiert. Dass der Inhalt des Begriffs „Bevölkerungspolitik" in einer Demokratie etwas mit der Verantwortung für die nachwachsenden Generationen zu tun hat und nichts mit der in der Nazizeit verwendeten Definition von „Bevölkerungspolitik", ist im öffentlichen Bewusstsein so gut wie nicht präsent.

In den Ländern der EU hat die Geburtenzahl in den letzten zweieinhalb Jahrzehnten stark abgenommen. Deshalb wird sich die Zahl der künftigen potenziellen Eltern in der Zukunft verringern. Aus diesem negativen Generationseffekt ergibt sich, dass die Bevölkerungszahl der EU langfristig ohne permanente Einwanderungen aus Ländern außerhalb der EU sinken und die Bevölkerung dadurch gleichzeitig altern wird, und zwar selbst dann, wenn die Geburtenrate konstant bliebe. Wegen der drohenden oder wie in Deutschland seit Anfang der 70er Jahre schon im Gange befindlichen Bevölkerungsabnahme (ohne Einwanderungen) ist die Bevölkerungsentwicklung in den außereuropäischen Nachbarländern der EU als potenzielle Herkunftsländer der Einwanderungen von größter Bedeutung. Nach den Projektionsrechnungen der UN wächst die Bevölkerungszahl z.B. in den südlichen Anrainerstaaten des Mittelmeers (Marokko, Algerien, Tunesien, Libyen, Ägypten, Israel, Libanon, Syrien und Türkei) von 1997 bis 2050 von 223,3 Mio. auf 403 Mio., d.h. um 81%, und zwar selbst dann, wenn die Geburtenzahl in diesen Ländern sehr rasch auf 2,1 Lebendgeborene pro Frau abnimmt (= mittlere Variante der Berechnungen).[5] Im gleichen Zeit-

---

[5] Eigene Berechnungen auf der Basis der Daten in: UN (Ed.), World Population Prospects – The 1996 Revision, New York 1998.

raum würde nach den am Institut für Bevölkerungsforschung und Sozialpolitik der Universität Bielefeld durchgeführten Berechnungen die Bevölkerungszahl der 15 Mitgliedsländer der EU unter der Annahme, dass keine Wanderungen stattfinden, von 370 Mio. auf 306 Mio. schrumpfen. Diese Berechnungen beruhen auf der Annahme, dass die Geburtenhäufigkeit auf dem Niveau von 1,5 Lebendgeborenen pro Frau unverändert bleibt und die Lebenserwartung um 3 Jahre zunimmt (unveröffentlichte Diplomarbeit von Thomas Frein am Lehrstuhl von Prof. Birg, Universität Bielefeld, 1998, unveröffentlicht).

Das Wachstum der Bevölkerung in den südlichen Anrainerstaaten des Mittelmeers bei gleichzeitiger Bevölkerungsschrumpfung in den Ländern der EU erhöht den demographisch bedingten Einwanderungsdruck aus dieser Region. Auch der Einwanderungsdruck aus anderen Entwicklungsländern steigt demographisch bedingt beträchtlich: Die Bevölkerungszahl der Entwicklungsländer wächst nach den Projektionsrechnungen der UN bis 2050 von rd. 4,9 Mrd. auf 7,8 Mrd. Der demographisch bedingte Einwanderungsdruck richtet sich innerhalb Europas vor allem auf Deutschland. Die Diskrepanz zwischen Schrumpfung und Wachstum ist besonders groß bei einer regionalen Differenzierung innerhalb Deutschlands, z.B. bei einer Betrachtung der 16 Bundesländer mit ihrer stark unterschiedlichen Intensität der Bevölkerungsschrumpfung.[6]

---

6 H. Birg, D. Filip, E.-J. Flöthmann u. T. Frein: Zur Eigendynamik der Bevölkerungsentwicklung der 16 Bundesländer Deutschlands im 21. Jahrhundert - Ein multiregionales Bevölkerungsmodell mit endogenen Wanderungen, Materialien des Instituts für Bevölkerungsforschung und Sozialpolitik, Bd. 42, Universität Bielefeld, 1997.

3 Die demographische Situation Deutschlands an der Schwelle zum 21. Jahrhundert

Deutschland hat gemeinsam mit Italien und Spanien die niedrigste Geburtenrate in der EU. Durch das Geburtendefizit der deutschen Bevölkerung hätte die Bevölkerungszahl in den alten Bundesländern seit Anfang der 70er Jahre permanent abgenommen, wenn das Geburtendefizit nicht durch Zuwanderungsüberschüsse ausgeglichen worden wäre. Die Zuwanderungen aus dem Ausland übertrafen das Geburtendefizit jedoch bisher bei weitem, so dass die Bevölkerungszahl trotz niedriger Fertilität meistens leicht zunahm oder konstant war. Im Vergleich zu den USA hatte Deutschland auf 100.000 Einwohner sogar schon vor 1989 das Dreifache an Zuwanderungen. Nach dem Zusammenbruch des Ostblocks zogen in das wiedervereinigte Deutschland pro Jahr mehr Menschen aus dem Ausland zu als im Inland geboren wurden (Geburtenzahl im Inland: rd. 800.000 pro Jahr, Zugezogene aus dem Ausland: rd. 900.000 bis über 1 Mio.). In den letzten Jahren hat sich die Netto-Zuwanderung aus dem Ausland abgeschwächt. In den Jahren 1997/98 beruhte der positive Außenwanderungssaldo vor allem auf dem hohen Außenwanderungssaldo der Deutschen (Spätaussiedler), während der Wanderungssaldo der Ausländer wegen der Rückkehr der Bosnien-Flüchtlinge erstmals seit 1984 wieder leicht negativ war.

Nach der Wiedervereinigung sank die Geburten*rate* in den neuen Bundesländern bis Mitte der 90er Jahre auf 0,7 Lebendgeborene pro Frau, das ist etwa die Hälfte des ohnehin niedrigen Niveaus in den alten Bundesländern. 1998 betrug die Geburtenrate nach vorläufigen Berechnungen des Statistischen Bundesamtes in den alten Bundesländern 1,4 und in den neuen 1,0 Lebendgeborene pro Frau, und zwar für die deutschen und ausländischen Frauen insgesamt. Bei den Frauen mit deutscher Staatsangehörigkeit liegt die Geburtenrate in den alten Ländern bei 1,3 Lebendgeborenen pro Frau, bei den Frauen mit ausländischer Staatsangehörigkeit bei 1,9. Die Zahlen für die neuen Bundesländer lauten: 0,9 (deutsche Frauen) bzw. 1,1 (ausländische Frauen). Die Geburten*zahl* sank in den neuen Bundesländern nach 1989 um mehr als die Hälfte. Die extreme Abnahme der Geburtenrate und der Geburtenzahl ist nur mit den großen historischen Einschnitten des ersten und zweiten Weltkriegs und mit der Weltwirtschaftskrise von 1932 vergleichbar. Aber während sich die Geburtenrate nach diesen historischen Ereignissen schon nach etwa 4 bis 5 Jahren wieder rasch erholte und auf das vorherige Niveau anstieg, gilt dies nicht für den Geburtenrückgang in den neuen Bundesländern nach der Wiedervereinigung.

Ein wesentlicher Grund für die langsame Angleichung an das Niveau im Westen sind in erster Linie die steigenden ökonomischen und biographischen Opportunitätskosten von Kindern, weniger deren direkte ökonomische Kosten. Denn während es in der früheren DDR praktisch keine Möglichkeit gab, sein Leben außerhalb der durch die staatlichen Vorgaben gesetzten biographischen Ablaufschemata zu gestalten, hatten viele Frauen und Männer nach der Wiedervereinigung erstmals in ihrem Leben die Möglichkeit, zwischen gänzlich neuen biographischen Alternativen zu wählen. Um sich insbesondere die beruflichen biographischen Optionen offen zu halten – was nur möglich ist, wenn die Menschen regional und sozial mobil bleiben –, werden Eheschließungen und Kindgeburten zunächst aufgeschoben bzw. später ganz vermieden. Deshalb sank die Eheschließungsrate in den neuen Bundesländern nach 1989 ebenso stark wie die Geburtenrate. Es ist also nicht einfach nur als Ausdruck einer negativen Zukunftserwartung zu interpretieren, dass die Geburten- und

Eheschließungsrate nach der Wiedervereinigung nicht wieder rasch anstieg, oft trifft das Gegenteil zu: Um die neue Freiheit und die mit ihr verbundenen Optionen nicht wieder zu verlieren, wurden langfristige biographische Festlegungen aufgeschoben bzw. ganz vermieden. Frauen, die einen Arbeitsplatz haben, schieben Kinderwünsche auf oder verzichten auf sie, um den Arbeitsplatz zu behalten. Frauen ohne Arbeit verzichten auf Kinder, um ihre Chancen auf Erwerbstätigkeit zu erhöhen.

Hinter der niedrigen Geburtenrate pro Frau als ein Durchschnitt für Frauen mit und ohne Kinder verbirgt sich ein brisantes gesellschafts- und sozialpolitisches Problem: Die Gesellschaft polarisiert sich immer stärker in eine Gruppe von Frauen mit Kindern und in eine Gruppe, die zeitlebens kinderlos bleibt. Dass dieser Tatbestand nur selten thematisiert wird, liegt an der falschen Vorstellung, dass die 1-Kind-Familie die typische Familie sei. In Wahrheit ist die 2-Kinder-Familie nach wie vor der häufigste Familientyp, sie ist zahlreicher als die 1-Kind-Familie. Das Problem besteht darin, dass immer weniger Frauen bzw. Männer überhaupt Kinder haben, aber wenn sie sich für die Familie als Lebensform entscheiden, haben sie häufiger zwei Kinder als eines.[7]

---

7 *H. Birg u. E. J. Flöthmann.* Entwicklung der Familienstrukturen und ihre Auswirkungen auf die Belastungs- bzw. Transferquotienten zwischen den Generationen, Studienbericht im Auftrag der Enquetekommission des Deutschen Bundestages „Demographischer Wandel". In: Deutscher Bundestag, Enquete-Kommission „Demographischer Wandel": Zwischenbericht, Bundestagsdrucksache 12/7876 v. 14.6.1994. Siehe hierzu auch: Bundesinstitut für Bevölkerungsforschung, BiB-Mitteilungen, 20. Jg., 15.6.1999, Abb. 1, S. 14. In den alten Bundesländern ist beim Jahrgang 1965 der Anteil der zeitlebens kinderlosen Frauen auf 32-Prozent gestiegen, in den neuen Bundesländern stieg

Für die jüngeren Frauenjahrgänge zeichnen sich folgende Familienstrukturen ab: Ein knappes Drittel der Frauen der jüngeren Jahrgänge bleibt kinderlos, ein weiteres Drittel hat zwei Kinder, während das letzte Drittel die Frauen mit einem oder mit drei und mehr Kindern umfasst, wobei der Anteil der Frauen mit drei und mehr Kindern *höher* ist als der Anteil der Frauen mit einem Kind. Etwa die Hälfte der Frauen, die überhaupt Kinder haben, bringen 69 Prozent der Kinder zur Welt. Die sozialpolitische Bedeutung dieses Befunds ergibt sich aus dem Faktum, dass alle sozialpolitischen Leistungen zugunsten der Älteren letztlich von den Erziehungsleistungen der Familien abhängen, von deren Nachkommen die ökonomischen Transferzahlungen finanziert und real erbracht werden.[8]

Auf regionaler Ebene kommt als zusätzlicher Faktor der Bevölkerungsentwicklung die Binnenwanderung zwischen den Bundesländern hinzu. Unter den Ländern gibt es typische Binnenwanderungsgewinner und Binnenwanderungsverlierer. So waren z.B. Baden-Württemberg und Bayern nach dem Zweiten Weltkrieg bis zur Wiedervereinigung durch die Nord-Süd-Binnenwanderung ständige Gewinner, Nordrhein-Westfalen gehörte zu den Verlierern. Durch die Wiedervereinigung wurde das typische Nord-Süd-Muster von der Ost-West-Wanderung überlagert. Länder mit Mittellage wie Niedersachsen wurden durch die Ost-West-Binnenwanderung zu Wanderungsgewinnern. Die besondere Bedeutung der Binnenwanderungen liegt in ihrer selektiven Wirkung auf die Alters- und Qualifikationsstruktur der Bevölkerung: Da räumlich mobile Menschen im Durchschnitt höher qualifiziert

---

der Anteil auf 26%. Sowohl in den alten als auch in den neuen Ländern ist die Tendenz zu einem weiteren Anstieg bei den nachfolgenden Generationen stark nach oben gerichtet.

8 H. Birg u. E.-J. Flöthmann, a.a.O., Tabelle 4, S. 35.

sind als nicht mobile, erhöhte sich bei den Ländern, die zu den Wanderungsgewinnern gehören, die Qualifikationsstruktur der Bevölkerung zu Lasten der Wanderungsverlierer. Dieser Qualifikationseffekt ist außerordentlich intensiv und hat bedeutende Konsequenzen für die wirtschaftliche Wettbewerbsfähigkeit der Länder und für die Unterschiede des Pro-Kopf-Einkommens und der Arbeitslosenquote ihrer Regionen.[9]

4 Projektionsrechnung zur demographischen Entwicklung Deutschlands im 21. Jahrhundert

4.1 Annahmen der Projektionsrechnungen

Demographische Projektionsrechnungen sind keine Prognosen im Sinne von Prophezeiungen, sondern Wenn-dann-Aussagen über die Zukunft. Dies bedeutet, dass die Informationen, die die Projektionsrechnungen über die Zukunft bieten, in den Wenn-Bedingungen bezüglich der künftigen Entwicklung der Fertilität, der Mortalität und der Migration vollständig enthalten sind. Die Qualität der aus diesen Wenn-Bedingungen abgeleiteten Aussagen über die Zukunft kann daher niemals besser sein als die Qualität der Wenn-Bedingungen selbst, aus denen sie durch logische Operationen bzw. durch Rechenoperationen lediglich abgeleitet werden. Will man Aussagen über die Zukunft beurteilen, so lohnt es sich deshalb nur, über die ihnen zugrunde liegenden Annahmen zu reden, denn die Technik der Ableitung der Ergebnisse aus den Annahmen ist reine Verfahrenstechnik, die bei Bevölkerungsprojektionsrechnungen stets dieselbe ist (co-

---

9 H. Birg, E.-J. Flöthmann, F. Heins u. I. Reiter. Migrationsanalyse – Empirische Längsschnitt- und Querschnittanalysen auf der Grundlage von Mikro- und Makromodellen für die Bundesrepublik Deutschland, Materialien des Instituts für Bevölkerungsforschung und Sozialpolitik, Bd. 43, Universität Bielefeld, 1998.

hort survival bzw. Komponenten-Ansatz auf der Grundlage deterministischer oder probabilistischer Algorithmen).

Eine Projektionsrechnung, die das Ziel verfolgt, die tatsächliche Entwicklung so genau wie möglich abzubilden, wird als Prognose bezeichnet. Eine Prognose trifft genau dann ein, wenn ihre Annahmen zur Fertilität, Mortalität und Migration der Wirklichkeit entsprechen. Besteht das Ziel darin, lediglich einen Korridor für die wahrscheinliche Entwicklung zu ermitteln, werden alternative Annahmen bezüglich der Fertilität, Mortalität und Migration gesetzt. Die vielfältigen Erfahrungen, die seit Jahrzehnten mit demographischen Projektionsrechnungen gesammelt wurden, zeigen, dass die Genauigkeit der Bevölkerungsprognosen wesentlich höher ist als die der Wirtschaftsprognosen, was nicht verwundert, weil das Ergebnis entscheidend von der bekannten Altersstruktur der Bevölkerung am Anfang des Projektionszeitraums abhängt und erst in zweiter Linie vom Verhalten der Bevölkerung, ausgedrückt durch die Parameter der Fertilität, Mortalität und Migration (Momentum von Bevölkerungswachstum und -schrumpfung). Für die frühere Bundesrepublik hatte z.B. die Prognose der Bevölkerungsentwicklung auf der Basis der Volkszählung von 1970 bis zum Jahr 1985 einen Fehler von 1%.[10] Für die Weltbevölkerung als ganzes erweisen sich die Projektionsrechnungen der Vereinten Nationen aus den fünfziger Jahren bis zum Jahr 2000 jetzt als recht zuverlässig, der Fehler liegt zwischen 2 und 3%.[11]

---

10 *H. Birg*: Analyse und Prognose der Bevölkerungsentwicklung in der Bundesrepublik Deutschland und in ihren Regionen bis zum Jahr 1990, Berlin 1975, Tabelle 46, S. 129. Ferner: Zur Interdependenz der Bevölkerungs- und Arbeitsplatzentwicklung, Berlin 1979.
11 UN (Ed.), The Future Growth of World Population, New York 1958, Table 5, p. 23.

In den meisten Fällen wird bei demographischen Berechnungen über die Zukunft nicht eine Prognose mit maximaler Genauigkeit angestrebt. Statt dessen interessieren alternative Entwicklungspfade, aus denen sich Aufschlüsse über den Spielraum für politische Gestaltungsmöglichkeiten gewinnen lassen. Bei besonders langfristigen Projektionsrechnungen von drei bis vier Jahrzehnten und darüber hinaus sind – wie die Genauigkeit der UN-Weltbevölkerungsprojektionsrechnungen aus den 50er Jahren zeigt – Prognosen mit einem akzeptablen Fehlerspielraum zwar durchaus möglich, aber je weiter der Projektionshorizont in die Zukunft reicht, desto mehr interessieren die möglichen Entwicklungsalternativen und Gestaltungsmöglichkeiten statt der punktgenauen Zahlen, zumal zu deren Berechnung auch eine Prognose der politischen Aktivitäten erforderlich wäre, von denen die Bevölkerungsentwicklung abhängen kann, was außerordentlich problematisch ist. Im Folgenden werden die Ergebnisse von Projektionsrechnungen dargestellt, also keine Prognosen. Auf die explizite Darstellung eines Prognoseergebnisses für die nächsten vier bis fünf Jahrzehnte kann auch deshalb verzichtet werden, weil die „richtige Prognose" mit sehr hoher Wahrscheinlichkeit innerhalb des Korridors der dargestellten alternativen Projektionsergebnisse liegen dürfte.

Die hier referierten Projektionsrechnungen für die demographische Entwicklung Deutschlands im 21. Jahrhundert basieren auf dem Bevölkerungsbestand zum 31.12.1996. Sie sind nach jeweils 105 Altersjahren und Geschlecht differenziert und nach alten und neuen Bundesländern gegliedert. Die Berechnungen enthalten insgesamt 36 alternative Projektionsvarianten, die sich aus der Kombination einer unteren, mittleren und oberen Variante jeweils für die Entwicklung der Fertilität und Mortalität ergeben, wobei die resultierenden 9 Varianten zusätzlich mit jeweils vier alternativen Migrationsszenarien kombiniert wurden.[12] Die Hauptschwierigkeit bei derartigen Berechnungen besteht darin, aus der extremen Vielzahl von möglichen Berechnungsvarianten jene auszuwählen, die für die angestrebten Erkenntnisziele am besten geeignet sind, also nicht etwa darin, solche Berechnungsvarianten in großer Zahl zu erstellen. Da grundsätzlich unendlich viele sinnvolle Annahmenkombinationen durchgerechnet werden könnten und das reine Rechnen mit den heutigen Möglichkeiten praktisch keine Grenzen mehr setzt, lässt sich die Setzung der Annahmen auch durch den Computer vornehmen, indem die Parameter der Fertilität, Mortalität und Migration nach Monte-Carlo-Methoden mit den Verfahren der Zufallsstichprobe gezogen werden. Die entsprechenden „probabilistischen" Projektionsverfahren entbinden jedoch nicht von der Notwendigkeit, für die Parameter Ober- und Untergrenzen sowie eine Häufigkeitsverteilung festzulegen. Die entsprechenden Vorgaben unterscheiden sich hinsichtlich ihres Begründungsbedarfs in keiner Weise von den deterministischen Verfahren.[13]

---

12 *H. Birg, E.-J. Flöthmann, Th. Frein u. K. Ströker.* Simulationsrechnungen zur Bevölkerungsentwicklung in den alten und neuen Bundesländern im 21. Jahrhundert. Materialien des Instituts für Bevölkerungsforschung und Sozialpolitik, Band 45, Universität Bielefeld, 1998.

13 Probabilistische Bevölkerungsprognosen gibt es seit längerem, sie sind für die Anwendungspraxis jedoch weniger geeignet als deterministische und daher nicht verbreitet. *S. N. Keyfitz:* A probability representation of future population, in: Zeitschrift für Bevölkerungswissenschaft, Nr. 2, 1985, S. 179-192. Die neuesten probabilistischen Berechnungen für Deutschland sind: *W. Lutz u. S. Scherbov.* Probabilistische Bevölkerungsprognosen für Deutschland, in: Zeitschrift für Bevölkerungswissenschaft, Nr. 2, 1998, S. 83-110. Zu einem Vergleich des probabilistischen Ansatzes mit den hier referierten Berechnungen s. S. 37f. des in Fußnote 12 zitierten Bandes.

Die Begründung der Auswahl der Fertilitätsannahmen stützt sich auf die oben dargestellten Ursache- und Bedingungskonstellationen aus der Theorie der Fertilität. Da diese Faktoren auch in der Zukunft weiter wirksam sein werden, ist die Annahme, dass die Fertilität in der Zukunft das gleiche Niveau haben wird wie in den vergangenen Jahrzehnten (1,4 Lebendgeborene pro Frau) ziemlich wahrscheinlich. Diese Annahmen-Variante wird als „niedrige Fertilität" bezeichnet (*siehe Tabelle 1 und Schaubild 1*). In einer zweiten Annahmevariante wird eine Fertilitätszunahme auf 1,6 unterstellt, weil sich durch den steigenden Anteil der zugewanderten Bevölkerung, deren Fertilität rd. 1,9 Lebendgeborene pro Frau beträgt, der Durchschnitt für die Gesamtbevölkerung erhöht. Die dritte Fertilitätsannahme unterstellt einen Anstieg auf das Bestandserhaltungsniveau von 2,1 Lebendgeborenen pro Frau. Die Wahrscheinlichkeit dieser Annahme ist sehr niedrig, sie dient rein analytischen Zwecken. Sämtliche Fertilitätsannahmen wurden für die alten und neuen Bundesländer getrennt formuliert und in der Zeit mit unterschiedlichen Entwicklungspfaden modelliert.

Die Annahmen zur Entwicklung der Mortalität bzw. zum Anstieg der Lebenserwartung beruhen auf Verfahren der Lebenserwartungsanalyse, die es ermöglichen, den von Jahrgang zu Jahrgang unterschiedlichen Anstieg der Lebenserwartung genauer als bisher zu analysieren und bei Projektionsrechnungen zu berücksichtigen. Die bisher übliche Methode der Lebenserwartungsberechnung basiert auf der Querschnittsanalyse der Sterbewahrscheinlichkeiten. Dabei wird die Lebenserwartung in einem bestimmten Jahr aus den Sterbewahrscheinlichkeiten der in diesem Jahr gleichzeitig lebenden rd. 100 Geburtsjahrgänge abgeleitet. Das Ergebnis der Lebenserwartungsberechnung gilt dann sozusagen für den für alle gleichzeitig lebenden Jahrgänge „repräsentativen Jahrgang", wobei offen

Tabelle 1:
Übersicht über die 36 Simulationsvarianten

Migrations-variante*	Lebens-erwartung Männer/Frauen	niedrige Fertilität (1,4)	mittlere Fertilität (1,6)	hohe Fertilität (2,1)
Null (0)	niedrige (81/87)	1	13	25
	mittlere (84/90)	2	14	26
	hohe (87/93)	3	15	27
Niedrige (150.000)	niedrige (81/87)	4	16	28
	mittlere (84/90)	5	17	29
	hohe (87/93)	6	18	30
Mittlere (225.000)	niedrige (81/87)	7	19	31
	mittlere (84/90)	8	20	32
	hohe (87/93)	9	21	33
Hohe (300.000)	niedrige (81/87)	10	22	34
	mittlere (84/90)	11	23	35
	hohe (87/93)	12	24	36

* Jährlicher Wanderungssaldo

bleibt, welcher Jahrgang das genau ist. Da die Sterbewahrscheinlichkeiten in den letzten Jahrzehnten generell abnahmen, sind die altersspezifischen Sterbewahrscheinlichkeiten derjenigen Jahrgänge unter den in einem bestimmten Kalenderjahr gleichzeitig lebenden Jahrgängen, die in diesem Jahr jünger sind als der für die Lebenserwartungsberechnung repräsentative Jahrgang, niedriger als die altersspezifischen Sterbewahrscheinlichkeiten des repräsentativen Jahrgangs. Umgekehrt sind die altersspezifischen Sterbewahrscheinlichkeiten der vor dem repräsentativen Jahrgang geborenen Personen höher als die des repräsentativen Jahrgangs. Entsprechend ist die aus den Sterbewahrscheinlichkeiten eines bestimmten Kalenderjahres abgeleitete Lebenserwartung im Vergleich zu der Lebenserwartung der Personen, die später geboren sind als der repräsentative Jahrgang, niedriger und bei den Personen, die früher geboren sind, höher.

Die Sterbewahrscheinlichkeiten im höheren Alter nahmen in den letzten Jahrzehnten stärker ab als die im mittleren und jüngeren Alter. Dadurch erhöhte sich das Alter des für die 100 gleichzeitig lebenden Generationen repräsentativen Jahrgangs stetig. Aus dem gleichen Grund nahm der Prozentanteil der Personen an einem Jahrgang, der z.B. 90 Jahre und älter wurde, stärker zu als der Prozentanteil, der 80 Jahre und älter wurde und dieser wiederum stärker als der Anteil, der 70 Jahre und älter wurde (*Schaubilder 3 bis 6*). Aus der in den Schaubildern dargestellten Kombination der Querschnittsanalysen der Lebenserwartungsveränderungen mit Längsschnittanalysen ergeben sich Einsichten über Trends der Lebenserwartungszunahme, die zu den folgenden drei Annahmen über die Lebenserwartungszunahme in der Zukunft zusammengefasst wurden: (1) niedrige Lebenserwartungsannahme: 81 (Männer), 87 (Frauen); (2) mittlere Annahme: 84 (Männer), 90 (Frauen); (3) obere Annahme: 87 (Männer), 93 (Frauen)[14]. Es

---

14 Die Methodik und die Ergebnisse des Ansatzes sind dargestellt in: *H. Birg*: An Approach for Forecasting Life Expectancy and its Application in Germany, in: Zeitschrift für Bevölkerungswissenschaft, Nr. 1/2000 (im Druck). Siehe auch: *H. Birg* u. *A. Börsch-Supan*: Für eine neue Aufgabenteilung zwischen gesetzlicher und privater Altersversorgung – eine demographische und ökonomische Untersuchung. Gutachten im Auftrag des Gesamtverbandes der deutschen Versicherungswirtschaft, Berlin, 1999.

wurde unterstellt, dass sich die angegebene Zunahme allmählich vollzieht und bis zum Jahr 2080 erstreckt. Heute beträgt die Lebenserwartung der Männer in den alten Bundesländern 73,8 und die der Frauen 80,0. In den neuen Ländern sind es 71,2 (Männer) bzw. 78,6 (Frauen).

Die Annahmen zur Entwicklung des Wanderungssaldos beruhen auf einer getrennten Analyse der Zu- und Fortzüge nach jeweils 100 Altersjahren und Geschlecht in den vergangenen Jahrzehnten. Bei der Altersdifferenzierung des Wanderungssaldos wurde berücksichtigt, dass die Zugezogenen in der Regel jünger sind als die Fortgezogenen. Die absolute Höhe des jährlichen Wanderungssaldos wurde entsprechend den Trends in der Vergangenheit mit 150.000 (untere Variante), 225.000 (mittlere Variante) bzw. 300.000 (obere Variante) festgelegt. Die Wahrscheinlichkeit der Null-Variante ist sehr gering, sie dient ebenso wie die obere Fertilitätsvariante rein analytischen Zwecken.

4.2 Hauptergebnisse der Projektionsrechnungen

Das markanteste Ergebnis der demographischen Veränderungen ist die gegenläufige Entwicklung der Zunahme der Zahl der Sterbefälle und der Abnahme der Zahl der Geburten. Beide Entwicklungsverläufe spiegeln den starken Einfluss der Altersstruktur wider, die eine Eigendynamik der Bevölkerungsschrumpfung in Gang gesetzt hat (Momentum der Bevölkerungsentwicklung bzw. Generationeneffekt), die bis zum Jahr 2060 selbst dann dauernde Geburtendefizite zur Folge haben wird, wenn sich die Zahl der Lebendgeborenen pro Frau bis 2020 auf 2,0 erhöhen und gleichzeitig pro Jahr 150.000 Personen netto nach Deutschland ziehen würden. Unter diesen Voraussetzungen würde die Bevölkerungszahl bis 2050 auf 73,5 Mio. und bis 2100

Schaubild 1:
Die Entwicklung der zusammengefassten Geburtenziffer (TFR) in den alten und neuen Bundesländern von 1950 bis 1996 und Annahmen zur weiteren Entwicklung

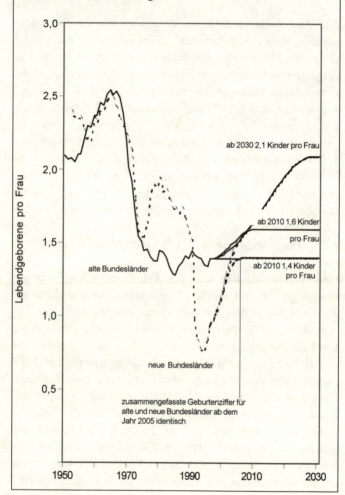

Schaubild 2:
Entwicklung der Lebenserwartung der Männer und Frauen in Deutschland von 1871/81 bis 1993/95 und Projektionen von 1993/95 bis 2100

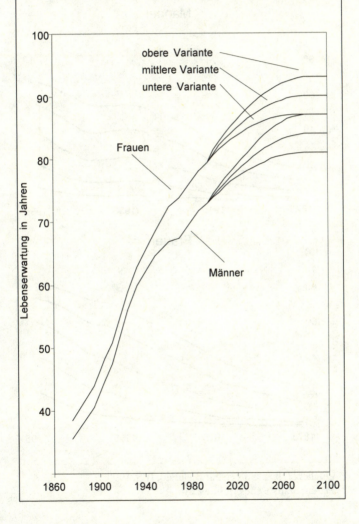

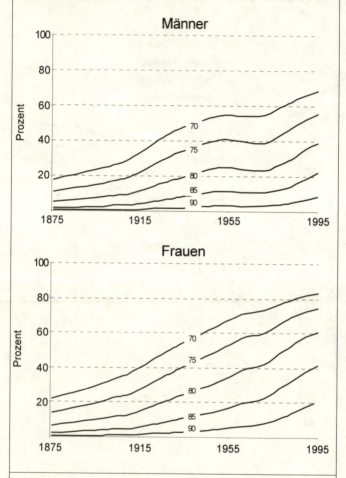

Schaubild 3:
Anteil der bis zum Alter 70, 75, 80, 85 und 90 Überlebenden - nach den Sterbetafeln von 1871/81 bis 1994/96

Quelle: *H. Birg*: Universität Bielefeld, IBS, 1999.
Daten: Statistisches Bundesamt.

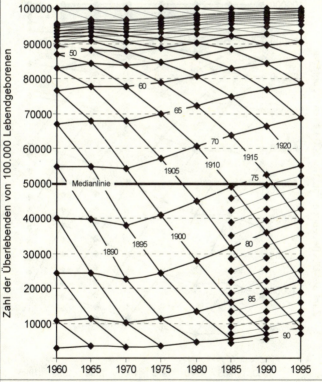

Schaubild 4:
Lebenserwartungsanalyse auf der Basis des Gamma-Konzeptes
Zahl der Überlebenden bis zum jeweils angegebenen Alter nach den Sterbetafeln für 1959/61 bis 1994/96 für das Gebiet der früheren Bundesrepublik Deutschland
- Männer -
simultane Darstellung der Zahl der Überlebenden aus perioden- und kohortenspezifischer Sicht

Quelle: *H. Birg.* Universität Bielefeld, IBS, 1999.
Daten: Sterbetafeln, Statistisches Bundesamt.

Schaubild 5:
Lebenserwartungsanalyse auf der Basis des Gamma-Konzeptes
Zahl der Überlebenden bis zum jeweils angegebenen Alter nach den Sterbetafeln für 1959/61 bis 1994/96 für das Gebiet der früheren Bundesrepublik Deutschland
- Frauen -
simultane Darstellung der Zahl der Überlebenden aus perioden- und kohortenspezifischer Sicht

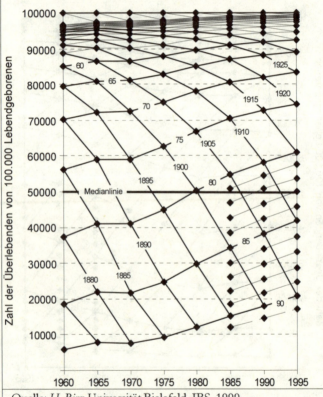

Quelle: *H. Birg.* Universität Bielefeld, IBS, 1999.
Daten: Sterbetafeln, Statistisches Bundesamt.

Schaubild 6:
Entwicklung der Geburten und Sterbefälle in Deutschland von 1949 bis 1997 und von 1998 bis 2100 (in Tausend)

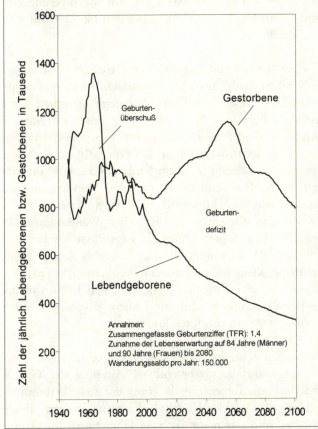

Quelle: *Birg, H./Flöthmann, E.-J./Frein, T. u. Ströker, K*: Simulationsrechnungen der Bevölkerungsentwicklung in den alten und neuen Bundesländern im 21. Jahrhundert, Materialien des Instituts für Bevölkerungsforschung und Sozialpolitik, Bd. 45. Universität Bielefeld, Bielefeld 1998, Var.5, S. 47.

auf 69,5 Mio. abnehmen. Bliebe die Geburtenhäufigkeit auf dem jetzigen Niveau konstant (1,4), so würde das Geburtendefizit bei 150.000 Nettozuwanderungen auf 680.000 im Jahr 2060 zunehmen und auch noch bis zum Ende des Jahrhunderts über 500.000 liegen. Die Bevölkerungszahl würde dann bis 2050 auf 70,7 Mio. und bis 2100 auf 49,4 Mio. abnehmen.

Was geschähe, wenn aus welchen Gründen auch immer die Fertilität wieder anstiege? Mit zusätzlichen Simulationsrechnungen wurde diese Frage für einen Anstieg der Total Fertility Rate von 1,25 (1995) auf 1,5 innerhalb von 15 Jahren untersucht. Verschiebt man den Beginn des Fertilitätsanstiegs in 10-Jahres-Schritten von 2010 bis 2050, so liegt die Bevölkerungszahl am Ende des 21. Jahrhunderts im Falle der Berechnungsvariante ohne Wanderungen im Intervall von 24,3 Mio. und 32,2 Mio (*Schaubild 7*). Bei der Variante mit einem relativ hohen Wanderungssaldo von 250.000 pro Jahr liegen die Ergebnisse im Intervall zwischen 50,0 Mio. und 59,7 Mio (*Schaubild 8*). Der angenommene, wenig wahrscheinliche Fertilitätsanstieg hat also wegen der bereits im Gange befindlichen Eigendynamik der Bevölkerungsschrumpfung keinen so entscheidenden Einfluss, wie man vermuten könnte.

Die beiden zentralen Folgen der demographischen Entwicklung sind die unabwendbare Alterung der Gesellschaft und die Internationalisierung der Bevölkerungsentwicklung Deutschlands durch Einwanderungen. Beide Prozesse sind seit mehr als zwei Jahrzehnten im Gange, ohne dass größere Anstrengungen zu ihrer Steuerung unternommen wurden.

Die demographische Alterung lässt sich mit den folgenden Indikatoren quantitativ messen:

- Anteil der 0- bis 19-Jährigen an der Bevölkerung in %,
- Anteil der 60-Jährigen und älteren an der Bevölkerung in %,
- Medianalter des Bevölkerungsbestandes (hier als Durchschnitt für Männer und Frauen),
- Medianalter der Sterbetafel (= Alter, das von der Hälfte einer Grundgesamtheit von 100.000 Lebendgeborenen überschritten bzw. von der anderen Hälfte nicht erreicht wird),
- Altenquotient (60-Jährige und ältere Bevölkerung auf 100 Menschen im Alter 20 bis 59) und absolute Zahl der Hochbetagten (80-Jährige und ältere) in Millionen.

Die numerischen Werte dieser Indikatoren sind in den Tabellen im Anhang des zitierten Bandes für jede der in Tabelle 1 definierten 36 Varianten für die Jahre von 1996 bis 2100 angegeben. Aus dem umfangreichen Datenmaterial wurden hier die empirischen Werte für das Jahr 2050 ausgewählt und mit dem Ausgangsjahr 1996 in einer Übersicht einander gegenübergestellt *(Tabelle 2 und Schaubilder 9a und 9b)*. Folgende Ergebnisse lassen sich zusammenfassen:

1. Der **Anteil der 0- bis 19-Jährigen** betrug 1996 21,6%, er nimmt tendenziell auf Werte zwischen 15 und 18% ab. Die Abnahme ist umso stärker, je niedriger die Fertilität ist. Für eine mittlere Fertilität ergibt sich eine Abnahme von 1996 bis 2050 von 21,4% auf 17,3%, bei der höchsten Fertilität ein leichter Anstieg auf 22,3%. Bei einem hohen Wanderungssaldo ist die Abnahme annähernd so groß wie bei einem niedrigen Wanderungssaldo. Auch die Variation der Lebenserwartung hat einen sehr geringen Einfluss.

2. Der **Anteil der 60-Jährigen und älteren Bevölkerung** betrug 1996 21,4%, er nimmt tendenziell auf Werte zwischen 35 und 42% zu. Bei niedriger Fertilität ist die Zunahme bis 2050 am größten (41,5%). Bei einem hohen Wanderungssaldo steigt der Anteil auf 36,5%, bei einem niedrigen auf 42,3%. Bei niedriger Lebenserwartung ergibt sich ein Anteil von 36,8%, bei hoher ein Anteil von 40,4%. Für die Lebenserwartungssteigerung und für den Wanderungssaldo ist der Effekt annähernd gleich stark.

3. Das **Medianalter** betrug 1996 im Durchschnitt beider Geschlechter 38 Jahre, es nimmt bis 2050 auf Werte zwischen 45 (2,1 Lebendgeborene pro Frau) und 53 (1,4 Lebendgeborene pro Frau) zu. Der Anstieg der Fertilität dämpft die Zunahme des Medianalters um bis zu 8 Jahre, der Anstieg des Wanderungssaldos dämpft die Zunahme des Medianalters um bis zu 6 Jahre, und der Anstieg der Lebenserwartung verstärkt die Zunahme um zwei Jahre.

4. Der **Altenquotient** (Durchschnitt beider Geschlechter) hatte 1996 einen Wert von 38, er nimmt bis 2050 auf Werte zwischen 80 und 96 zu. Je höher der Wanderungssaldo ist, desto stärker wird die Zunahme des Altenquotienten gedämpft, aber keineswegs verhindert. Der Altenquotient steigt bei einem Wanderungssaldo von Null auf 98, bei einem hohen Wanderungssaldo von 300.000 auf einen Wert von 80. Bei einer niedrigen Lebenserwartung ergibt sich eine Steigerung auf 81, bei einer hohen auf 94 (150.000). Bei einer niedrigen Fertilität erhöht sich der Altenquotient auf 96, bei einer hohen auf 80.

5. Die **Zahl der Hochbetagten** (Alter 80 und mehr) betrug in der Summe beider Geschlechter 1996 3,2 Mio. Sie nimmt auf Werte zwischen 9,9 und 13,1 Mio. zu. Den

stärksten Einfluss hat die Zunahme der Lebenserwartung: Bei niedriger Lebenserwartung steigt die Zahl auf 9,9, bei hoher auf 13,1 Mio. Bei Variationen der Fertilität und des Wanderungssaldos differiert der Anstieg nur geringfügig, es ergibt sich fast durchweg eine Zahl von 11,1 Mio. *(Tabelle 2)*.

Der Altenquotient lässt sich durch die Verwendung der Altersschwellen 15/65 bzw. 20/70 anstatt der Jahre 20/60 auf alternative Weise definieren. In allen Fällen erhält man die gleichen Veränderungstrends: Der Altenquotient wird sich mindestens verdoppeln, wahrscheinlich nahezu verdreifachen, und zwar unabhängig von der gewählten Definition *(Tabelle 3 und Schaubilder 9a und 9b)*. Ähnliche Resultate erhält man auch für die meisten anderen Industrieländer, wobei Japan wegen seiner besonders stark gesunkenen Geburtenrate eine relativ ungünstige und die USA wegen der hohen Geburtenrate von rd. zwei Kindern pro Frau eine relativ günstige Position einnehmen *(Schaubild 10)*.

Am stärksten ist die Zunahme des Altenquotienten für die Altersschwellen 20/70, dann erhält man statt einer Verdopplung nahezu eine Verdreifachung.

Die vorliegenden Simulationsrechnungen wurden nicht nach der Staatsangehörigkeit differenziert. Dies ist auch wenig sinnvoll, weil das Staatsangehörigkeitsrecht in dem langen Projektionszeitraum möglicherweise noch öfter geändert werden wird, so dass intertemporale Vergleiche z.B. des Anteils der Bevölkerung ohne deutsche Staatsangehörigkeit nur sehr eingeschränkt möglich sind. Der Anteil der Zugewanderten und ihrer Nachkommen an der Bevölkerung ist dagegen von Änderungen des Staatsangehörigkeitsrechts nicht betroffen, er lässt sich daher in Abhängigkeit z.B. von den Annahmen über den Wanderungssaldo analysieren.

Schaubild 7:
Bevölkerungsentwicklung Deutschlands im 21. Jahrhundert ohne Wanderungen - bei einem Anstieg der Geburtenzahl pro Frau von 1,25 auf 1,50 innerhalb von 15 Jahren ab alternativen Zeitpunkten

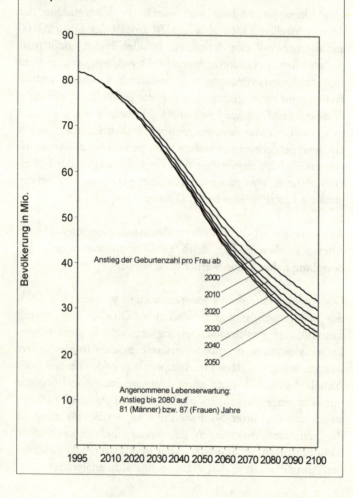

Schaubild 8:
Bevölkerungsentwicklung Deutschlands im 21. Jahrhundert mit Wanderungen - bei einem jährlichen Wanderungssaldo von 250.000 und einem Anstieg der Geburtenzahl pro Frau von 1,25 auf 1,50 innerhalb von 15 Jahren ab alternativen Zeitpunkten

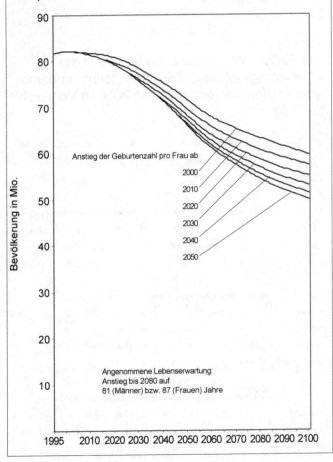

Die hier zugrunde gelegten Annahmen eines jährlichen Wanderungssaldos von 150.000, 225.000 bzw. 300.000 orientieren sich an der Entwicklung in den letzten Jahrzehnten (ohne Berücksichtigung der Extremwerte nach der Wiedervereinigung und vor der Änderung des Asylrechts 1993), sie liegen eher unter den tatsächlichen Werten für die Vergangenheit.

Tabelle 2:
Der Einfluß von Fertilität, Mortalität und des Wanderungssaldos auf die Indikatoren der demographischen Alterung im Jahre 2050 im Vergleich zu 1996

	Anteil der Altersgruppe(%) 0-19		60+		Median-alter		Alten-quotient 20/60		Hoch-betagte in Mio.	
	1996	2050	1996	2050	1996	2050	1996	2050	1996	2050
TFR (für mittlere Lebenserwartung und einen Wanderungssaldo von 150.000)										
1,4 (V5)	21,6	14,8	21,4	41,5	38	53	38	96	3,2	11,1
1,6 (V17)	21,6	17,3	21,4	38,6	38	50	38	88	3,2	11,1
2,1 (V29)	21,6	22,3	21,4	34,7	38	45	38	80	3,2	11,1
Wanderungssaldo (für eine mittlere Fertilität und eine mittlere Lebenserwartung)										
0 (V14)	21,6	16,4	21,4	42,3	38	52	38	98	3,2	10,8
150 000 (V17)	21,6	17,3	21,4	38,6	38	50	38	88	3,2	11,1
225 000 (V20)	21,6	17,6	21,4	37,5	38	49	38	84	3,2	11,3
300 000 (V23)	21,6	18,0	21,4	36,5	38	48	38	80	3,2	11,5
Lebenserwartung (für eine mittlere Fertilität und einen Wanderungssaldo von 150.000)										
81/87 (V16)	21,6	17,8	21,4	36,8	38	49	38	81	3,2	9,9
84/90 (V17)	21,6	17,3	21,4	38,6	38	50	38	88	3,2	11,1
87/93 (V18)	21,6	16,8	21,4	40,4	38	51	38	94	3,2	13,1

Welcher Anteil der zugewanderten Bevölkerung an der Gesamtbevölkerung ergibt sich aus diesen Annahmen? Bei einem Wanderungssaldo von *150.000 pro Jahr* wandern bis 2050 8,1 Mio. Menschen netto zu. Bei einem Wanderungssaldo von Null ergibt sich für das Jahr 2050 eine Bevölkerungszahl von 65,8 Mio. (= Variante 14 für mittlere Fertilität und mittlere Lebenserwartung). Der Einfluss der günstigeren Altersstruktur der Zugewanderten auf die Geburtenbilanz (= Sekundäreffekt der Wanderungen) beträgt bis 2050 bei 150.000 Zuwanderungen 2,0 Mio. Der Anteil der Zugewanderten und ihrer Nachkommen beträgt demnach im Jahr 2050 10,1 Mio. von 76 Mio. (Variante 17), einschließlich des Anteils der Bevölkerung ohne deutsche Staatsangehörigkeit, die bereits im Jahr 1996 in Deutschland lebte (rd. 9%), ergibt dies einen Anteil von rd. 22%. Hierbei ist noch nicht berücksichtigt, dass die im Jahr 1996 in Deutschland lebende Bevölkerung ohne deutsche Staatsangehörigkeit wegen ihres hohen Geburtenüberschusses (rd. 100.000) stark wächst, während die deutsche wegen ihres hohen Sterbeüberschusses (z.Zt. rd. 200.000) stark schrumpft. Berücksichtigt man die Fertilitätsunterschiede zwischen Deutschen und Ausländern, dürfte der Anteil der zugewanderten Bevölkerung und ihrer Nachkommen an der Gesamtbevölkerung im Jahr 2050 auf deutlich mehr als 22% steigen.

Für einen Wanderungssaldo von *225.000 pro Jahr* (Variante 20) ergibt sich ein Zuwanderungsanteil von mindestens 28%, und für einen Wanderungssaldo von 300.000 (Variante 23) ein Anteil von mindestens 33%. In den großen Städten werden in der Altersgruppe der unter 40-Jährigen diese Anteile früher erreicht, wahrscheinlich schon ab dem Jahr 2015. Dort wird der Anteil der Zugewanderten bei den unter 40-Jährigen vielerorts 50% erreichen oder überschreiten. Daraus ergibt sich der Schluss, dass die Bevölkerungsentwicklung Deutschlands in

Tabelle 3:
Die Entwicklung des Altenquotienten in Deutschland bei unterschiedlichen Definitionen (für Variante 17)

	60+ / 10-59	65+ / 15-64	70+ / 20-69
1996	37,5	23,0	15,9
2030	80,8	49,4	33,4
2040	83,6	57,3	45,6
2050	87,5	57,8	45,3
2060	84,6	57,3	45,1
2100	84,8	57,3	45,2

der Zukunft ebenso wie schon seit drei Jahrzehnten durch eine starke Internationalisierung geprägt ist, die zahlreiche Fragen und Probleme aufwirft.

5 Konzeptionelle Überlegungen für eine Analyse der wirtschaftlichen und gesellschaftlichen Auswirkungen

Die Auswirkungen der demographischen Entwicklung auf Wirtschaft, Gesellschaft, Politik und Kultur sind so vielfältig, dass für ihre Darstellung ein ganzes Buch erforderlich wäre. Der Umfang des folgenden Abschnitts wäre nicht einmal ausreichend, um auch nur eine einigermaßen vollständige Auflistung aller relevanten Themen zu geben, die in einem solchen Buch zu behandeln wären. Etwas derartiges wird hier auch gar nicht angestrebt. Die folgenden Überlegungen sind vielmehr konzeptioneller Art: Es wird die Frage aufgeworfen, auf welche Kategorien sich eine Analyse der Auswirkungen der demographischen Entwicklung stützen sollte, welche Maßstäbe für eine Messung dieser Wirkungen gewählt werden können und wie die

Schaubild 9a:
Entwicklung der Altenquotienten bei unterschiedlicher Abgrenzung der Altersgruppen in Deutschland für mittlere Fertilität, niedrige Lebenserwartung und mittleren Wanderungssaldo

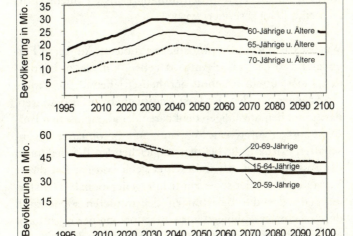

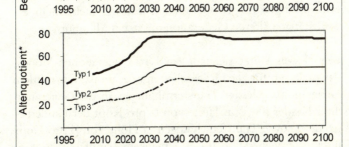

*Altenquotient:
Typ 1 = Zahl der 60-Jährigen und Älteren auf 100 Menschen im Alter von 20 bis 59 Jahren.
Typ 2 = Zahl der 65-Jährigen und Älteren auf 100 Menschen im Alter von 15 bis 64 Jahren.
Typ 3 = Zahl der 70-Jährigen und Älteren auf 100 Menschen im Alter von 20 bis 69 Jahren.

Ergebnisse der vergleichenden Messungen z.B. aus gesellschaftspolitischer oder wirtschaftspolitischer Sicht zu beurteilen sind. Da auch diese Fragen zu umfangreich sind, um hier erschöpfend behandelt zu werden, soll die Betrachtung auf jene prinzipiellen Probleme konzentriert werden, für die auch in den umfangreichsten Büchern oft zu wenig Platz reserviert wird.

Was ist das wichtigste prinzipielle Problem? Auf diese Frage lässt sich eine klare Antwort geben. Um sie zu begründen, muss auf ein Ergebnis der theoretischen Demographie eingegangen werden: Es lässt sich mathematisch beweisen, dass unter den unzähligen denkbaren demographischen Entwicklungsverläufen eine Variante mit besonderen Eigenschaften existiert, die bei den vergleichenden Beurteilungen der Auswirkungen oft unbeachtet geblieben ist: Bei dieser Variante nimmt der sogenannte intergenerationale Transferquotient, der die Belastungen der mittleren Generation durch Transferzahlungen zur Unterstützung der noch nicht erwerbstätigen jungen Generation und der nicht mehr erwerbstätigen älteren Generation misst, ein Minimum an.

Der Beweis stützt sich auf ein Drei-Generationen-Modell, das praktisch für alle Gesellschaften relevant ist. Die mittlere Generation G_x leistet Transferzahlungen an die Generation ihrer Kinder (G_{x+1}) in Höhe von α pro Kopf der Kindergeneration sowie Transferzahlungen in Höhe von β pro Kopf ihrer Elterngeneration (G_{x-1}). Umgekehrt empfängt die Generation x während ihrer Jugendphase Transferzahlungen von ihrer Elterngeneration G_{x-1} und während ihrer Altersphase noch einmal Transferzahlungen von ihrer Kindergeneration G_{x+1}. Diese Drei-Generationen-Verflechtung, die sich als Drei-Generationen-Vertrag interpretieren lässt, gilt für jede Generation x. Deshalb ist folgendes Ergebnis von großer

Bedeutung: Der Quotient aus den geleisteten und den empfangenen Transferzahlungen nimmt für die mittlere Generation genau dann ein Minimum an, wenn so viele Kinder geboren werden, dass die Nettoreproduktionsrate gleich der Wurzel des Quotienten aus α und β ist:[15]

$$NRR = \sqrt{\frac{\beta}{\alpha}}$$

Für den Fall, dass die Unterstützungszahlen pro Kopf der älteren und der jüngeren Generation gleich sind (α=β), hat die Nettoreproduktionsrate, die den Transferquotienten minimiert, den Wert 1. Für entwickelte Gesellschaften mit einer niedrigen Säuglings- und Kindersterblichkeit, also auch für Deutschland, bedeutet eine Nettoreproduktionsrate von 1, dass pro Frau zwei lebendgeborene Kinder entfallen. Die durch die Altersstruktur bedingten demographischen Belastungen sind also genau dann minimal, wenn pro Frau zwei Kinder geboren werden. Da sich auch aus Befragungen immer wieder ergibt, dass in der Bevölkerung zwei Kinder als ideal gelten, stimmt das Ergebnis der objektiven makrodemographischen Analyse mit dem auf individueller Basis ermittelten subjektiven Kinderwunsch der Befragten überein.

Man sollte deshalb erwarten, dass wirtschafts- und gesellschaftswissenschaftliche Analysen über die Auswirkungen der demographischen Entwicklung nicht nur die faktische

---

15 Zum mathematischen Beweis dieses Ergebnisses siehe: *Herwig Birg:* World Population Projections for the 21st Century. Theoretical Interpretations and Quantitative Simulations, Frankfurt a.M./New York (Campus-Verlag/ St. Martin's Press) 1995, S. 70ff. Ferner: Optimal and Low Fertility in Intergenerational Perspective, Paper Presented at the Conference on Lowest Low Fertility, Max-Planck-Institut für Demographische Forschung, Rostock, Dez. 1998.

demographische Entwicklung in der Vergangenheit bzw. die prognostizierte, wahrscheinlichste Entwicklung in der Zukunft zum Gegenstand haben, sondern auch die Frage einbeziehen, wie weit die faktische bzw. die prognostizierte Entwicklung und die oben definierte „optimale" Entwicklung voneinander abweichen, um anschließend Bewertungen darüber abzugeben, welche Entwicklung angestrebt werden sollte bzw. könnte.

Dass diese Frage meist nicht in die Auswirkungsanalysen einbezogen wird, liegt an der verständlichen Scheu vor ihren politischen Implikationen: Eine Bevölkerungspolitik, die eine Nettoreproduktionsrate von 1,0 anstrebt, wird von keiner im Deutschen Bundestag vertretenen Partei verfolgt. Dies liegt zum Teil an der Belastung des Begriffs „Bevölkerungspolitik" durch frühere Inhalte aus der Nazizeit. Dass der Begriff „Bevölkerungspolitik" in unserer Gesellschaft statt mit rassistischen und totalitären Bedeutungen auch mit einem demokratischen Inhalt gefüllt werden könnte, dessen Basis die Anerkennung einer gesellschaftlichen und politischen Verantwortung für die nachwachsenden Generationen ist, wird offensichtlich nicht als ausreichend betrachtet, um die ja ohnehin anerkannten familienpolitischen Dimensionen unserer Sozialpolitik bzw. die sozial- und steuerpolitischen Dimensionen unserer Familienpolitik auf ihre geburtenfördernden Wirkungen, die von der Politik eigentlich begrüßt werden, zu überprüfen und in eine wie auch immer bezeichnete „bevölkerungspolitische" oder „demographiepolitische" Konzeption zu integrieren. Sicherlich ist die Wortwahl auf diesem sensibelsten aller politischen Gebiete von entscheidender Bedeutung, aber für das semantische Problem ließen sich sicherlich Lösungen finden, wenn danach gesucht würde.

Die Scheu vor dieser Thematik ist nicht nur in der Politik, sondern auch in der Wissenschaft verbreitet. Sie erklärt, warum bei der Diskussion der Auswirkungen der demographischen Entwicklung z.B. auf das Wirtschaftswachstum in der Regel nur die faktische und die prognostizierte, aber so gut wie nie die im obigen Sinn definierte optimale Entwicklung als Vergleichsmaßstab zugrunde gelegt wird.

Auch wenn die optimale Entwicklung aus politischen Gründen als nicht erreichbar eingeschätzt wird, bedeutet das noch nicht, dass sie für die wissenschaftliche Analyse schon deshalb ohne jedes Interesse ist. Trotzdem wird häufig z.B. ein suboptimaler, wachstumsdämpfender Effekt einer niedrigen Geburtenrate mit dem Hinweis relativiert, dass schon eine jährliche Wachstumsrate des realen Bruttoinlandprodukts von 1,7% ausreichen würde, um das heutige Volkseinkommen bis zum Jahr 2040 real zu verdoppeln. Diese Aussage ist zweifellos richtig, aber sie bleibt in gewisser Weise unvollständig, wenn nicht mitbetrachtet wird, welches Wachstum bei einer höheren Geburtenrate erreichbar wäre. Um dies zu zeigen, muss das zukünftige Volkseinkommen mit dem bei höherer Geburtenrate und geringerer demographischer Alterung zu erwartenden Volkseinkommen verglichen werden statt mit einer beliebig gewählten Größe wie dem gegenwärtigen oder dem wahrscheinlich zu erwartenden Volkseinkommen.

Hält man bei einer demographischen Entwicklung mit höherer Geburtenrate eine Wachstumsrate des Volkseinkommens von z.B. 2,5% für möglich und bei niedriger Geburtenrate eine Wachstumsrate von z.B. 1,7%, so stehen die entsprechenden Niveaus des Volkseinkommens im Jahr 2040 zueinander im Verhältnis von 270 zu 200, wobei das heutige Volkseinkommen gleich 100 gesetzt ist. Es ergibt sich also ein Unterschied des Volkseinkommens im Vergleich zu heute von immerhin 70%, der klar zugunsten einer positiven demographischen Entwicklung als Faktor des Wirtschaftswachstums spricht – oder vorsichtiger formuliert – zu sprechen scheint.

Das hier gewählte Beispiel ist nicht nur aus darstellerischen Gründen wichtig. An ihm lässt sich die prinzipielle Bedeutung konzeptioneller Fragen für wirtschaftliche oder gesellschaftliche Wirkungsanalysen demonstrieren. Das eindeutig scheinende Ergebnis des Sozialproduktvergleichs erweist sich nämlich als zweifelhaft, wenn man als Vergleichsmaßstab das Pro-Kopf-Einkommen statt des Volkseinkommens wählt. Die Wachstumsrate des Pro-Kopf-Einkommens ist definitionsgemäß die Differenz aus den Wachstumsraten des Volkseinkommens und der Bevölkerungszahl. Wenn in dem obigen Beispiel angenommen wird, dass die Bevölkerung bei hoher Geburtenrate z.B. um 0,7% p.a. wächst und bei niedriger um 0,7% p.a. schrumpft, kehrt sich das Ergebnis um: Das Pro-Kopf-Einkommen wächst dann im Fall der negativen demographischen Entwicklung mit einer jährlichen Wachstumsrate von 2,4% (= 1,7 + 0,7), im Fall der positiven demographischen Entwicklung nur mit 1,8% (= 2,5 - 0,7), die Bevölkerungsschrumpfung ist also ökonomisch günstiger als das Bevölkerungswachstum, und das Ergebnis der vorstehenden Betrachtung verkehrt sich ins Gegenteil.

Eine andere Beziehung aus der Wachstumstheorie besagt, dass die Wachstumsrate des Volkseinkommens identisch ist mit der Summe der Wachstumsraten des Arbeits- und Kapitaleinsatzes (beide gewichtet mit ihren Produktionselastizitäten) zuzüglich des Anteils der Wachstumsrate, der auf den Beitrag des technischen Fortschritts entfällt. Die Vielzahl der empirischen Analysen der Wachstumsprozesse in den Industrieländern führten alle zu dem gleichen Resultat, dass dem technischen Fortschritt dabei eine überragende Bedeutung zukommt, während die Menge der eingesetzten Produktionsfaktoren Arbeit und Kapital von geringerem Gewicht ist. In der Regel lässt sich mehr als die Hälfte der Wachstumsrate des Volkseinkommens auf den technischen Fortschritt zurückführen. Bei der hier aufgeworfenen Frage bezüglich der Auswirkungen der demographischen Entwicklung auf das Wirtschaftswachstum geht es also im Kern darum, ob und gegebenenfalls wie stark die Entwicklung des technischen Fortschritts als wichtigstem Faktor des Wirtschaftswachstums durch eine ungünstige Entwicklung des Humankapitals bzw. des Bildungs- und Wissensbestandes infolge der alternden Bevölkerung und infolge des niedrigeren Qualifikationsniveaus der aus dem Ausland zugewanderten Bevölkerung gedämpft wird.[16]

Auch hier ist es wichtig, zuerst die prinzipielle Frage zu klären, welche Entwicklungspfade in einer Auswirkungsanalyse miteinander verglichen werden sollen. Das relativierende Argument, dass sich die Menge des wirtschaftlichen Wissens in der Informationsgesellschaft etwa alle 4 bis 5 Jahre verdoppelt, also bei Fortsetzung der heutigen Wachstumsraten bis zum Jahr 2040 um den Faktor 256 (!) zunimmt, trägt wenig zur Klärung dieser Frage bei, wenn dieser hohe Faktor nicht mit dem wahrscheinlich noch wesentlich höheren verglichen wird, der bei höherer Geburtenrate, mäßigerer demographischer Al-

---

16 Die Bildungsbeteiligungsquote ist bei Deutschen und Ausländern extrem unterschiedlich und zeigt nur wenig bzw. überhaupt keine Angleichungstendenz. So besuchten z.B. von den 20-25-Jährigen im Jahr 1997 nur 2,8% der Ausländer allgemeinbildende Schulen, berufliche Schulen oder Hochschulen, bei den Deutschen waren es 17,1%. Der Unterschied beträgt 1:6. Siehe *W. Jeschek*: Integration junger Ausländer in das Bildungssystem verläuft langsamer. In: Wochenbericht des Instituts für Wirtschaftsforschung, Nr. 22, 66. Jg., 3. Juni 1999, Tab. 1, S. 409.

terung und niedrigerer Einwanderung von Menschen mit unbefriedigender Ausbildung bzw. bei günstigerer Entwicklung des Qualifikationsniveaus der Bevölkerung zu erwarten wäre.

Zu welchen empirischen Ergebnissen man bei diesen Analysen im Einzelnen auch immer kommen mag, so ist es doch wahrscheinlich, dass das reale Pro-Kopf-Einkommen in der Zukunft über dem heutigen Niveau liegen wird. Daraus wird zuweilen gefolgert, dass das ökonomische Potential einer hochentwickelten Volkswirtschaft wie der deutschen auch bei schrumpfender Bevölkerung und starker Alterung ausreicht, um auch die Probleme auf dem Gebiet mit den gravierendsten Auswirkungen der demographischen Entwicklung zu lösen – die finanziellen Probleme der Renten- und Krankenversicherung. Bei einer Verdopplung des realen Pro-Kopf-Einkommens lässt sich zur Not – so eine verbreitete Auffassung – sogar eine annähernde Verdopplung der Beitragssätze zur Renten- und Kranken- und Pflegeversicherung verkraften, ohne dass das heutige Konsumniveau verringert werden muss.

Bei nüchterner Betrachtung zeigt sich auch hier, dass eine vergleichende Analyse alternativer demographischer Entwicklungspfade für eine realistische Beurteilung der Finanzierungsproblematik in der Renten- und Krankenversicherung unerlässlich ist. Die Intensität der demographischen Alterung – gemessen z.B. durch den Altenquotienten (= über 60-Jährige auf 100 Menschen im Alter von 20 bis 60) – hängt von allen drei demographischen Basisprozessen ab – von der Fertilität (Lebendgeborene pro Frau), der Mortalität bzw. Lebenserwartung und der Einwanderung jüngerer Menschen aus dem Ausland. In *Tabelle 4* ist die Abhängigkeit des Altenquotienten von diesen zentralen Größen getrennt für die alten und neuen Bundesländer dargestellt. Diese Tabelle bezieht sich auf die in *Tabelle 1* angegebenen 36 Simulationsvarianten. Der Altenquotient hatte 1996 in den alten Ländern ein Niveau von 37,4, in den neuen 38,3 und in Deutschland insgesamt 37,5. Er nimmt z.B. bis 2050 in Abhängigkeit vom Anstieg der Lebenserwartung – je nach Variante – auf 87,9 bis 102,3 zu (Varianten 4 mit niedriger Lebenserwartung und 6 mit hoher Lebenserwartung für konstante Fertilität und niedrigen Wanderungssaldo).[17] Dies bedeutet eine Steigerung um den Faktor 2,3 bis 2,7. Der Beitragssatz zur Rentenversicherung ist eine lineare Funktion des Altenquotienten bzw. bei gegebenem Altenquotienten eine lineare Funktion des Rentenniveaus (*Schaubild 11*). Bei einem konstanten Rentenniveau müsste er also um den Faktor 2,3 bis 2,7 angehoben werden, d.h. auf 46 bis 54% steigen. Senkt man das Rentenniveau von 70% auf z.B. 60%, so wäre ein Anstieg auf 40% erforderlich.[18]

---

17 Zahlen für die einzelnen Jahre bis 2100 sind in der in Fußnote 12 angegebenen Quelle veröffentlicht

18 Die lineare Beziehung zwischen dem Altenquotienten und dem Rentenniveau lässt sich aus der Forderung ableiten, dass Einnahmen und Ausgaben der Rentenversicherung gleich sind. Aus dieser Forderung folgt zunächst folgende Beziehung: Der Beitragssatz ist gleich dem Produkt aus dem Rentenniveau (N_t) und dem Rentnerquotienten RQ_t

$$b_t = N_t RQ_t$$

wobei b_t = Beitragssatz, N_t = Rentenniveau (= Verhältnis aus Rentenhöhe (R) und Durchschnittseinkommen (Y)) und RQ = Rentnerquotient (= Verhältnis aus der Zahl der Rentenempfänger zur Zahl der Beitragszahler). Siehe hierzu auch *Bert Rürup*: Umlageverfahren versus Kapitaldeckung. In: *J.E. Cramer, W. Förster und R. Ruland* (Hrsg.): Handbuch zur Alterssicherung, Frankfurt 1998, S. 781. Die Gleichung lässt sich unter Verwendung des Altenquotienten zu der im *Schaubild 11* dargestellten Beziehung umformen:

$$b_t = AQ_t \frac{a_{R,t}}{a_{B,t}} N_t$$

Angesichts dieser Zahlen ist es verständlich, dass die Auswirkungsanalysen, die den Rentenreformplänen zugrunde liegen, eine möglichst moderate Zunahme der Lebenserwartung annehmen, denn je stärker der Altenquotient bzw. die Lebenserwartung zunimmt, desto steiler ist der lineare Zusammenhang zwischen Beitragssatz und Rentenniveau in *Schaubild 11*.

In *Tabelle 5* sind die Annahmen wichtiger Forschungsinstitute und des Statistischen Bundesamtes über den erwarteten Anstieg der Lebenserwartung dargestellt. Das Statistische Bundesamt nahm in seiner letzten Bevölkerungsvorausschätzung („8. koordinierte Bevölkerungsvorausschätzung") an, dass sich die Lebenserwartung in den alten Bundesländern nach dem Jahr 2000 nicht mehr erhöht und in den neuen Ländern von unten an das Niveau im Westen angleicht. Auch diese unplausible Annahme ist wegen ihrer Konsequenzen für die Reformvorschläge der Renten- und Krankenversicherung ein Beispiel dafür, wie entscheidend konzeptionelle Überlegungen für eine realistische Beurteilung der Auswirkungen der demographischen Entwicklung sind.

---

wobei AQ = Altenquotient (= B_{60+}/B_{20-60}), $a_{R,t}$ = Anteil der Rentenbezieher an den über 60-Jährigen und $a_{B,t}$ = Anteil der Beitragszahler an den 20- bis 60-Jährigen. Mit dieser Gleichung kann der Einfluss des Altenquotienten auf den Beitragssatz für jedes Rentenniveau direkt bestimmt werden. Für ein gegebenes Rentenniveau hängt der Beitragssatz linear vom Altenquotienten ab. Steigt der Altenquotient z.B. auf das Doppelte, muss das Rentenniveau bei konstantem Beitragssatz halbiert werden. Wird das Rentenniveau konstant gehalten, muss der Beitragssatz verdoppelt werden. Zwischen diesen Extremen liegen die in *Schaubild 11* dargestellten Kompromissmöglichkeiten (= Punkte auf den jeweiligen Geraden, deren Steigerung umso größer ist, je mehr der Altenquotient bzw. die Lebenserwartung zunimmt).

Nun ist zwar die Finanzierungsproblematik der Sozial- und Gesundheitspolitik ein außerordentlich wichtiger Problemkomplex, aber keinesfalls der einzige, wahrscheinlich auch nicht der wichtigste. Von mindestens ebenso großer Bedeutung sind die mit einer Reform der Renten- und Krankenversicherung verbundenen Verteilungsprobleme, die sich in der Rentenversicherung aus einem höchstwahrscheinlich unvermeidlichen teilweisen Übergang vom Umlage- zum Kapitaldeckungsverfahren ergeben. Die Umstellung auf das Kapitaldeckungsverfahren überträgt nicht nur die während der Erwerbsphase bestehenden Einkommensunterschiede zwischen den Bevölkerungsschichten als Versorgungsunterschiede in die Ruhephase, sondern sie vergrößert diese Unterschiede beträchtlich. Auch die schichtenspezifischen Disparitäten bei der Gesundheitsversorgung werden sich mit großer Wahrscheinlichkeit durch die absehbaren Gesundheitsreformen verschärfen. Dabei wurde noch zu wenig beachtet, dass die ethnische Dimension des Begriffs der sozialen „Schicht" durch den stetigen Anstieg der aus dem Ausland zugewanderten Bevölkerung ständig an Bedeutung gewinnt. Die sozialen und ethnischen Disparitäten werden auch bei einem weiteren Wachstum des allgemeinen Niveaus des Pro-Kopf-Einkommens beträchtlich zunehmen. Die wichtigsten Auswirkungen der demographischen Entwicklung liegen deshalb nicht nur auf ökonomischem Gebiet, sondern mehr noch im gesellschaftlichen und allgemein politischen Bereich, wobei völlig offen ist, wie stark diese außerökonomischen Effekte auf die ökonomische Entwicklung zurückwirken.

Eine weitere Dimension der demographischen Veränderungen mit einer wesentlichen Bedeutung für die Auswirkungsforschung ist der absehbare Anstieg des Anteils der zugewanderten Bevölkerung und ihrer Nachkommen bei der wichtigen Altersgruppe der unter 40jährigen in den Ballungsräumen bis auf über 50%. Das damit zusammenhängende Integrationsproblem lässt sich nicht wie die anderen, hier verwendete Beispiele durch eine quantitative Betrachtung auf angemessene Weise analysieren, denn es betrifft das Selbstverständnis unserer Gesellschaft. Die bisherige

Tabelle 4:
Der Altenquotient in den alten und neuen Bundesländern und in Deutschland insgesamt in Abhängigkeit vom Niveau der Fertilität, der Mortalität und der Migration *

Migrations-variante	Lebens-erwartung	niedrige Fertilität (1,4)	mittlere Fertilität (1,6)	hohe Fertilität (2,1)
Null 0	niedrige (M:81/F:87)	1 A 95,4 N 120,1 D 99,1	13 A 87,2 N 116,9 D 91,6	25 A 79,0 N 98,1 D 81,8
	mittlere (M:84/F:90)	2 A 103,3 N 129,3 D 107,2	14 A 94,4 N 116,9 D 97,8	26 A 85,5 N 105,7 D 88,6
	hohe (M:87/F:93)	3 A 111,9 N 139,6 D 116,0	15 A 102,3 N 126,1 D 105,9	27 A 92,7 N 114,1 D 95,9
niedrige 150.000	niedrige (M:81/F:87)	4 A 85,1 N 103,4 D 87,9	16 A 78,6 N 94,7 D 81,1	28 A 71,8 N 86,6 D 74,1
	mittlere (M:84/F:90)	5 A 91,9 N 111,1 D 94,8	17 A 84,9 N 101,8 D 87,5	29 A 77,6 N 93,4 D 80,0
	hohe (M:87/F:93)	6 A 99,3 N 119,5 D 102,3	18 A 91,7 N 109,6 D 94,4	30 A 83,8 N 100,1 D 86,3

Fortsetzung der Tabelle auf der folgenden Seite.

Tabelle 4:
Fortsetzung

Migrations-variante	Lebens-erwartung	niedrige Fertilität (1,4)	mittlere Fertilität (1,6)	hohe Fertilität (2,1)
	niedrige (M:81/F:87)	[7] A 81,2 N 97,3 D 83,7	[19] A 75,3 N 89,6 D 77,5	[31] A 69,0 N 82,2 D 71,1
mittlere 225.000	mittlere (M:84/F:90)	[8] A 87,6 N 104,4 D 90,2	[20] A 81,2 N 96,2 D 83,5	[32] A 74,5 N 88,2 D 76,6
	hohe (M:87/F:93)	[9] A 94,5 N 112,3 D 97,2	[21] A 87,6 N 103,4 D 90,0	[33] A 80,3 N 94,9 D 82,6
	niedrige (M:81/F:87)	[10] A 77,9 N 92,3 D 80,1	[22] A 72,5 N 85,4 D 74,5	[34] A 66,6 N 78,5 D 68,5
hohe 300.000	mittlere (M:84/F:90)	[11] A 83,9 N 98,9 D 86,2	[23] A 78,1 N 91,5 D 80,2	[35] A 71,8 N 84,2 D 73,7
	hohe (M:87/F:93)	[12] A 90,4 N 106,2 D 92,8	[24] A 84,1 N 98,3 D 86,3	[36] A 77,3 N 90,4 D 79,4

* **Definitionen:** N=neue Länder, A=alte Länder, D=Deutschland

Altenquotient: = Zahl der über 60-Jährigen auf 100 Menschen im Alter von 20 bis 59. Der Altenquotient betrug im Ausgangsjahr der Berechnungen (1996): 37,4 (alte Länder), 38,3 (neue Länder), 37,5 Deutschland). Die Zahlen oben links in den Tabellenfeldern geben die Nummern der 36 Simulationsvarianten an.

Quelle: *H. Birg, E.-J. Flöthmann, Th. Frein u. K. Ströker:* Simulationsrechnungen zur Bevölkerungsentwicklung in den alten und neuen Bundesländern im 21. Jahrhundert, Materialien des Instituts für Bevölkerungsforschung und Sozialpolitik, Band 45, Universität Bielefeld, 1998.

Tabelle 5:
Annahmen verschiedener Institute zur Zunahme der Lebenserwartung eines Neugeborenen in Deutschland im 21. Jahrhundert auf Basis der Sterbetafel 94/96 (Männer: 73; Frauen: 80)

Institut	2035	2050	2080
Prognos (1998)[1]	3	0	0
UNO (Population Division, 1998)[2]	3	5	k. A.
StBA (8. Koordinierte)[3]	0*	k.A.	k.A.
StBA (9. Koordinierte)[4]	4	5	k.A.
IBS[5]			
Variante A	5	5	6
Variante B (deutsche Bevölkerung)	6	7	7
Variante C	7	8	9
Variante D	5	7	8
Variante E (Bevölkerung insgesamt)	7	9	9
Variante F	9	11	14

1. Prognos (Hrsg.): Prognos-Gutachten 1998, Frankfurt/M. 1998.
2. UN (Ed.), World Population Prospects - The 1998 Revision, New York 1999 (mittlere Variante).
3. *B. Sommer*: Entwicklung der Bevölkerung bis 2040. In: Wirtschaft und Statistik, Nr. 7, 1994, S. 497-503.
4. Statistisches Bundesamt, „9. koordinierte Bevölkerungsvorausberechnung" (voraussichtliche, z.Zt. geplante Annahmen nach Angaben des Statistischen Bundesamtes).
5. Die Varianten A, B und C wurden auf der Basis eines neuen Ansatzes zur Lebenserwartungsprognose erarbeitet, siehe *H. Birg*: An Approach for Forecasting Life Expectancy and its Application in Germany, in: Zeitschrift für Bevölkerungswissenschaft, 1/2000. Die Prognose ist Grundlage für ein Gutachten im Auftrag des Gesamtverbandes der deutschen Versicherungswirtschaft, siehe *H. Birg u. A. Börsch-Supan*: Für eine neue Aufgabenteilung zwischen gesetzlicher und privater Altersversorgung, Gesamtverband der deutschen Versicherungswirtschaft, Berlin, 1999. Die Varianten D bis F sind keine Prognose-, sondern Simulationsvarianten, siehe *H. Birg, E.-J. Flöthmann, Th. Frein, K. Ströker*. a.a.O.
* alte Bundesländer

Schaubild 9b:
Entwicklung der Altenquotienten bei unterschiedlicher Abgrenzung der Altersgruppen in Deutschland bei mittlerer Fertilität, niedriger Lebenserwartung und mittlerem Wanderungssaldo (225.000)

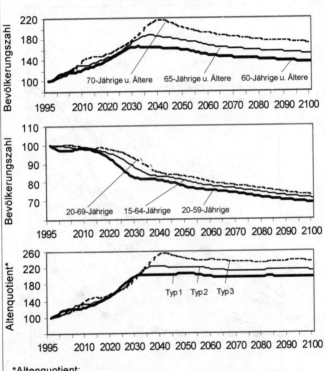

*Altenquotient:
Typ 1 = Zahl der 60-Jährigen und Älteren auf 100 Menschen im Alter von 20 bis 59 Jahren.
Typ 2 = Zahl der 65-Jährigen und Älteren auf 100 Menschen im Alter von 15 bis 64 Jahren.
Typ 3 = Zahl der 70-Jährigen und Älteren auf 100 Menschen im Alter von 20 bis 69 Jahren.

Schaubild 10:
Entwicklung des Altenquotienten (=Zahl der 65-Jährigen und älteren auf 100 Menschen im Alter von 15 bis 64) von 1950-1955 bis 1995-2000 und Projektion bis 2050

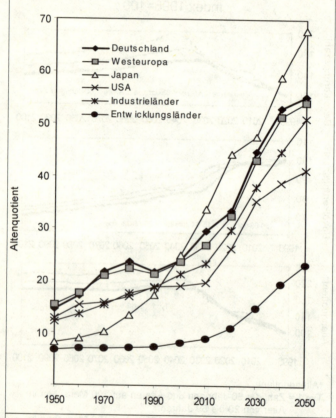

Quelle: *H. Birg* (nach Daten der UN vom Okt.1997)
Für Industrieländer niedrige, für Entwicklungsländer mittlere Variante

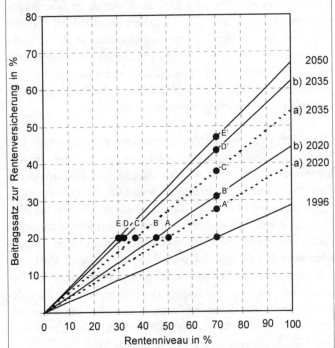

Schaubild 11:
Zusammenhang zwischen der Zunahme der Lebenserwartung, dem Rentenniveau und dem Beitragssatz zur Rentenversicherung

Angenommene Lebenserwartungszunahme von 1996 bis 2050 und Altenquotient (AQ)
1996: Männer 73 Jahre, Frauen 79,7 Jahre; AQ = 37,5
a) 2020: keine Zunahme; AQ = 51,0
b) 2020: plus 3,7 Jahre; AQ= 58,4
a) 2035: keine Zunahme; AQ = 71,0
b) 2035: plus 5,3 Jahre; AQ = 81,8
2050: plus 6,7 Jahre; AQ = 87,9

Quelle: *H. Birg.* Universität Bielefeld, 1999.
Datenbasis: Simulationsrechnungen, Variante 4;
Materialien des IBS, Bd. 45, Universität Bielefeld, 1998.

Mehrheitsgesellschaft wandelt sich durch die Zuwanderungen und durch die hohen Geburtenüberschüsse der Zugewanderten zu einer Multi-Minoritätengesellschaft, wobei keine dieser Minderheiten, auch nicht die Deutschen im Sinne der bisher geltenden Definition der deutschen Staatsangehörigkeit, die absolute Mehrheit hat. Dadurch verliert auch der Begriff der Mehrheitsgesellschaft, in die sich die zugewanderte Bevölkerung erwartungsgemäß integrieren soll, an konzeptioneller Aussagekraft, denn eine Mehrheitsgesellschaft, die die absolute Mehrheit einbüßt, erleidet auch Einbußen an ihrer Integrationsfähigkeit.

Diese Entwicklung berührt Kernfragen unserer staatlichen Verfassung und Kultur. Ob solche Fragen aus der Auswirkungsanalyse eliminiert werden oder nicht, bestimmt deren Ergebnisse auf fundamentalere Weise als die meisten anderen inhaltlichen oder methodischen Entscheidungen bei Wirkungsanalysen. Die bisher in Auswirkungsanalysen entweder ganz eliminierten oder nur sporadisch behandelten Fragenkomplexe lassen sich zu den folgenden beiden Problemkomplexen zusammenfassen: Es fehlt an komparativen Studien über die Auswirkungen der tatsächlichen bzw. der prognostizierten demographischen Entwicklung einerseits mit einer Gesellschaft ohne permanent hohe Einwanderungsüberschüsse andererseits, und zwar für

Fall 1: eine bestandserhaltende bzw. höhere Fertilität und

Fall 2: eine niedrige, unterhalb des Bestandserhaltungsniveaus liegende Fertilität mit Bevölkerungsschrumpfung.

Die Fruchtbarkeit einer wissenschaftlichen Fragestellung erkennt man nicht nur an ihren Forschungsergebnissen, sondern auch daran, ob ihre Antworten zu neuen, weiterführenden Fragestellungen beitragen. Sowohl die ökonomische Auswirkungsanalyse als auch die soziologische oder politologische sind in dieser Hinsicht unbefriedigend. So blieben auch die definierten Fälle 1 und 2 – abgesehen von bestimmten Theoriebereichen wie der mathematischen Theorie des dynamischen Wirtschaftswachstums (Modelle der neoklassischen Schule) oder der philosophischen Forschung über die ethischen Fragen der Bevölkerungsentwicklung, vor allem die Arbeiten von Hans Jonas und Vittorio Hösle[19] – in der Auswirkungsforschung bisher weitgehend unbearbeitet.

6 Zusammenfassung zentraler Forschungsergebnisse über die demographische Entwicklung Deutschlands im 21. Jahrhundert

Die Bevölkerungsentwicklung Deutschlands ist wie die entsprechende Entwicklung der meisten anderen Industrieländer durch eine starke Eigendynamik geprägt, die sich großenteils aus den Veränderungen der Altersstruktur in der Vergangenheit ergibt und daher in den nächsten Jahrzehnten durch Politik kaum beeinflusst werden kann. Besonders stark wirkt sich die Abnahme der Jahrgangsstärken durch den Geburtenrückgang zwischen 1965 und 1975 aus, weil dadurch bedingt 30 Jahre später die Zahl der potenziellen Eltern zurückgeht, was wiederum zu einer Abnahme der Geburtenzahl eine Generation später führt usf. (Generationeneffekt bzw. Momentum der Bevölkerungsschrumpfung). Diese Eigendynamik der Schrumpfung hätte selbst bei einem – sehr unwahrscheinlichen – Anstieg der Zahl

---

19 *Hans Jonas*: Das Prinzip Verantwortung – Versuch einer Ethik für die technologische Zivilisation, Frankfurt/Main 1984. *Vittorio Hösle*: Moral und Politik - Grundlagen einer politischen Ethik für das 21. Jahrhundert, München 1997.

der Lebendgeborenen pro Frau von 1,4 auf 2,0 bis zum Jahr 2020 bei gleichzeitigen Netto-Einwanderungen von 150 000 pro Jahr langfristige Geburtendefizite bis zum Jahr 2060 und eine permanente Bevölkerungsschrumpfung bis zum Ende des 21. Jahrhunderts zur Folge.

Die mit den Geburtendefiziten verbundene Bevölkerungsschrumpfung lässt sich mit Nettoeinwanderungen von 150.000 pro Jahr nur bis zum Jahr 2030 aufhalten, danach würde die Bevölkerung auch bei einem Anstieg der Geburtenzahl pro Frau auf z.B. 1,6 und bei jährlichen Nettozuwanderungen von 150.000 permanent schrumpfen und am Ende des 21. Jahrhunderts ein Niveau von 62 Mio. erreichen. Steigt die Geburtenzahl pro Frau auf 1,6 und beträgt die jährliche Nettozuwanderung 225.000, beginnt die Schrumpfung nicht 2030, sondern ab dem Jahr 2050 und endet bei einer Bevölkerungszahl von 71 Mio. im Jahr 2100.

Die wesentlichen *demographischen* Auswirkungen der Bevölkerungsschrumpfung sind die automatisch mit ihr verbundene starke Alterung, die selbst bei konstanter Lebenserwartung schon fast zu einer Verdopplung des Altenquotienten führt (Zahl der über 60-Jährigen auf 100 Menschen im Alter von 20 bis unter 60), wahrscheinlicher ist ein Anstieg des Altenquotienten um den Faktor 2,3 bis 2,7. Ein ebenso starker Anstieg des Altenquotienten ergibt sich auch dann, wenn man für die Definition des Altenquotienten die alternativen Altersschwellen 15/65 bzw. 20/70 statt 20/60 wählt. Bei der Altersschwelle 20/70 steigt der Altenquotient sogar am stärksten, es ergibt sich fast eine Verdreifachung.

Eine weitere wesentliche Auswirkung neben der demographischen Alterung ist die Internationalisierung der Bevölkerungsentwicklung durch Einwanderungen bei gleichzeitigem

Schrumpfen der deutschen Bevölkerung – ein Prozess, der ebenso wie der Rückgang der Geburtenhäufigkeit bereits vor drei Jahrzehnten begann. Der Einwanderungsprozess jüngerer Menschen kann den Anstieg des Altenquotienten nur verlangsamen, nicht stoppen.

Als **Fazit** ergibt sich, dass die Möglichkeiten der Steuerung der demographischen Entwicklung durch Bevölkerungspolitik mit den Instrumenten der Familienpolitik, Migrationspolitik und Integrationspolitik stark beschränkt sind, wenn die Geburtenrate erst einmal auf ein niedriges Niveau abgenommen hat. In langfristiger Perspektive ist daher die Erhöhung der Geburtenzahl pro Frau der entscheidende Steuerungsparameter jeder Art von demographisch orientierter Politik.

Bevölkerungsalterung und Wirtschaftswachstum: Hypothesen und empirische Befunde

Bert Rürup

1 Einleitung

1798 – vor gut 200 Jahren – war es *Thomas Robert Malthus*, der (zwar nicht als Erster, aber dafür mit beeindruckendem Erfolg in der Öffentlichkeit) Bedenken gegen das Bevölkerungswachstum formulierte und eine „contranatalistische" Politik propagierte, da eine wachsende Bevölkerungszahl, so *Malthus* in seinem „Essay on the Principle of Population", eine langfristige Zunahme des wirtschaftlichen Wohlstandes verhindere und die Armut der Bevölkerung nach sich ziehen würde.

Neben den Bevölkerungspessimisten um und nach *Malthus*, deren Auffassung auch heute noch das Fundament vieler „Nachhaltigkeitstheoretiker" abgibt, bildete sich ein Kreis von Bevölkerungsoptimisten um *William Godwin*, der u.a. 1820 mit seiner Arbeit „Of Population: An Enquiry Concerning the Power of Increase in the Numbers of Mankind, Being an Answer to Mr. Malthus's Essay on that Subject" auf 600 Seiten Malthus' Essay (zu der Zeit bereits in der 5. Auflage erschienen) attackierte. Für die Vertreter seiner Position stellen mehr Menschen mehr Arbeitskräfte und damit die Voraussetzung für eine bessere Arbeitsteilung, höhere Produktivität und damit einen höheren Wohlstand dar.

Der durchschlagende Erfolg des Werkes soll nicht darüber hinwegtäuschen, dass Malthus sein „Essay" weitestgehend im „statistischen Nebel"[1] schrieb, eine Tatsache, die auch für Godwins Werk gilt. Auf beiden Seiten drehte sich ihre Argumentation, abgeleitet aus mathematischen Formeln und politischen Ideologien, im Kreise.

Auch heute noch – zwei Jahrhunderte nach dieser Debatte – gehört der Zusammenhang zwischen Bevölkerungsentwicklung und Wirtschaftswachstum zu den (ungelösten) Standardfragen der Ökonomie.

Um Antworten bemühen sich seit ca. 50 Jahren die keynesianischen und neoklassischen Wachstumstheorien. Während die keynesianische bzw. postkeynesianische Sichtweise auf die Analyse der Nachfragewirkungen einer Bevölkerungsveränderung ausgerichtet ist, steht bei der Neoklassik die Angebotsseite im Mittelpunkt, und dabei eben auch die Auswirkungen des demographischen Wandels auf die Faktoren Arbeit und Kapital.

Abseits der demographischen Fragestellung hat sich – geprägt durch *Solow* – in der Theorie des wirtschaftlichen Wachstums lange Zeit das „neoklassische Paradigma" etabliert, mit dem gleichermaßen einleuchtenden wie trivialen und „paradiesischen" Ergebnis, dass eine konstante Bevölkerungswachstumsrate und eine konstante Rate des technischen Fortschritts langfristig zu stetig wachsenden Löhnen, Pro-Kopf-Einkommen und Kapitalintensität führt.

---

1 In den folgenden Auflagen seiner Arbeit verwendete Malthus umfangreiche Mengen an statistischem Material, und auch wenn er einige seiner Aussagen abschwächte (die in der ersten Auflage angekündigte Katastrophe lässt sich verhindern, wenn man – wie Malthus selbst – spät heiratet und vorher enthaltsam lebt), blieb seine Kernaussage – Bevölkerungswachstum behindert das Wirtschaftswachstum und führt zu Armut – erhalten.

Diese Erkenntnis ist elegant abzuleiten und konsistent, aber leider wird – abgesehen von der Tatsache, dass man sowieso in vielen Industriestaaten weit von einer konstanten (positiven) Bevölkerungswachstumsrate entfernt ist – durch die Annahme der Exogenität der beiden das Wachstum determinierenden Variablen, nämlich Bevölkerungsentwicklung und technischer Fortschritt, eine etwaige Interdependenz zwischen ökonomischem Wachstum und Bevölkerungsentwicklung weitgehend negiert bzw. ausgeblendet.

Die verbissene Akribie, mit der dieser Theoriestrang weiterentwickelt wurde, führte dazu, dass die Wachstumstheorie bis in die 70er Jahre hinein zu einer Art Glasperlenspiel oder, höflicher und neudeutsch formuliert, eine Art „brain teaser for mathematical economists" wurde, in der es um die Ableitung von „Fabeln" und „goldenen Regeln" ging. Erst die in den achtziger Jahren aufkommende „New Growth Theory" endogenisierte den technischen Fortschritt, und zwar auch den von demographischen Entwicklungen – Stichwort Humankapital – abhängigen.

Bevor hierauf im Einzelnen eingegangen wird, soll für die weiteren Ausführungen zunächst eine Differenzierung des „demographischen Wandels" vorgenommen und gleichzeitig eine erste Hypothese formuliert werden.

Während sich die neoklassischen und keynesianischen Wachstumstheoretiker im Wesentlichen nur mit dem Wachstum der Bevölkerungszahl beschäftigen, betrachten die Vertreter der neuen Wachstumstheorie auch die Veränderung der Altersstruktur innerhalb einer Gesellschaft. Diese Unterscheidung ist deshalb wichtig, da die Bevölkerungszahl – so die Ausgangshypothese – in erster Linie die Höhe der gesamtwirtschaftlichen Nachfrage beeinflusst, während die

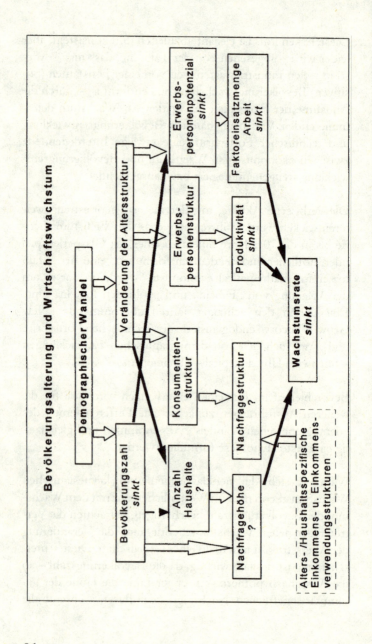

Veränderung der Bevölkerungsstrukturen (hier die Alterung) zweifach wirkt: zum einen nachfrageseitig strukturverändernd und zum anderen angebotsseitig durch Produktivitätsveränderungen. Dieser Zusammenhang soll vor der demographischen Entwicklungsperspektive Deutschlands als Hintergrund im Folgenden untersucht werden. Den zugrunde liegenden Gedankenfluss illustriert die nebenstehende Abbildung.

2 Die demographische Entwicklung Deutschlands bis zum Jahre 2040

Im Prognos-Gutachten vom April 1998 wird davon ausgegangen, dass die Bevölkerungsanzahl in den nächsten Jahren noch leicht auf etwa 83 Millionen im Jahre 2005 steigt. Dann allerdings soll ein Rückgang der Bevölkerung einsetzen, der sich jenseits des Jahres 2030 zusehends beschleunigt[2].

In Zahlen bedeutet dies, dass im Jahre 2020 die deutsche Bevölkerung noch knapp 81 Millionen Personen betragen wird, um anschließend zwischen 2030 und 2040 pro Jahr um eine halbe Million Menschen auf nur noch 72 Millionen zu schrumpfen. Das wäre von heute aus gerechnet ein Rückgang um über 12%.

Viel früher, nämlich schon in 10 bis 20 Jahren, soll es zu signifikanten, nur als massiv zu bezeichnenden Verände-

---

[2] Verband Deutscher Rentenversicherungsträger: Prognos-Gutachten 1998 – Auswirkungen veränderter ökonomischer und rechtlicher Rahmenbedingungen auf die gesetzliche Rentenversicherung in Deutschland, Frankfurt/M., 1998, S. 35. Siehe hierzu aber auch den vorstehenden Beitrag von Birg.

rungen der Altersstruktur kommen:

- Die Anzahl der Kinder und Jugendlichen bis 20 Jahre fällt von heute 17,6 Millionen auf 13,9 im Jahre 2020 und auf 11,5 Mio. am Ende des Prognosezeitraums. Das wären Rückgänge um 1/5 bzw. 1/3 des heutigen Bestands.
- Einen ebenfalls bemerkenswerten Rückgang erfährt die Gruppe zwischen 25 und 35 Jahren, die den ausgebildeten Arbeitskräftenachwuchs stellt. Dieser Rückgang soll bereits bis 2010 fast 5 Prozentpunkte betragen. Das entspricht gut 4 Mio. Personen.
- Die Gruppe der 35- bis 45 Jährigen, aus der die sogenannte Stammbelegschaft rekrutiert wird, steigt derzeit noch an, sinkt jedoch zwischen 2000 und 2020 um mehr als 4 Prozentpunkte.
- Gleichzeitig steigt der Anteil der älteren erwerbsfähigen Personen (45 bis 60 Jahre) an der Gesamtbevölkerung von derzeit knapp 20% auf über 23% im Jahre 2020.
- Die Gruppe der älteren Menschen über 60 Jahre nimmt ziemlich kontinuierlich von 17,2 Mio. in 1995 auf 25,7 Mio. im Jahre 2040 zu. Dies entspricht einem Anstieg von fast 50%.

Konsequenz dieser Verschiebungen im Altersaufbau ist zum einen ein signifikanter Anstieg des Durchschnittsalters der Gesamtbevölkerung um fast 9 Jahre, von derzeit 40 auf über 49 Jahre, und zum anderen ergeben sich nachhaltige Veränderungen bei den sogenannten Altersstrukturquotienten, dem Alters- und dem Jugendquotienten. Sieht man diese Quotienten als ein Maß für die demographische „Belastung" bzw. den intergenerativen Umverteilungsbedarf von der Bevölkerung im erwerbsfähigen Alter zu den nichterwerbsfähigen Kindern, Jugendlichen und Alten, dann ist ein Belastungsanstieg unvermeidlich.

Zwar sinkt der Jugendquotient um fast 30% bis 2030, gleichzeitig verdoppelt sich aber der Altersquotient der über 65-Jährigen.

3 Der Einfluss der demographischen Entwicklung auf das Wirtschaftswachstum

Im Vordergrund der politischen Diskussion stand bislang der Einfluss des Schrumpfens und Alterns der deutschen Wohnbevölkerung auf die Sozialversicherungssysteme, insbesondere die Renten-, Kranken- und auch Pflegeversicherung, wohingegen die möglicherweise nicht minder bedeutende Wirkung auf das wirtschaftliche Wachstum weitgehend unbearbeitet blieb. Während man sich vor 200 Jahren mit den Folgen einer wachsenden Bevölkerung auseinandersetzen musste, gilt es heute, die Auswirkungen einer schrumpfenden und älter werdenden Bevölkerung für das Wirtschaftswachstum zu analysieren.

In Samuelsonscher Tradition, derzufolge ein Ökonom zwei Augen – eines für das Angebot und eines für die Nachfrage – hat, soll dieses Problem zunächst nachfrageseitig und dann angebotsseitig diskutiert werden.

3.1 Nachfrageseitige Wirkungen

3.1.1 Quantitative Nachfragewirkungen

Einen ersten groben Einstieg in die Analyse der Nachfragewirkungen einer schrumpfenden Bevölkerung bietet die Stagnationstheorie keynesianischer Provenienz. Eine schrumpfende Bevölkerung – so dieser Ansatz – verringert zunächst die Zahl der Konsumenten. Gleichzeitig verteilt sich damit das – zunächst als konstant angenommene – Volkseinkommen auf weniger Köpfe, so dass die Pro-Kopf-Einkommen folglich steigen.

Da bei höherem Pro-Kopf-Einkommen aber auch die Sparquote steigt, führt dies zu einer Dämpfung der gesamten Konsumnachfrage. In der Folge werden die Absatzerwartungen der Unternehmen nach unten korrigiert und damit – akzellerationsbedingt – die Nettoinvestitionen. Dieser Investitionsrückgang impliziert dann negativ multiplikative Effekte auf das Volkseinkommen.

Dieser – holzschnittartigen – Argumentation steht nun allerdings neben der problematischen Spezifikation der Investitionsfunktion entgegen, dass die Annahme eines Konsumrückgangs bei steigendem Pro-Kopf-Einkommen nicht zwingend ist und sich – empirisch – bislang nicht nachweisen lässt.

Ferner ist für die aggregierte Konsumnachfrage nicht nur die Kopfzahl der Wohnbevölkerung, sondern auch die Anzahl der Haushalte relevant, da Konsumausgaben nur zum Teil personenbezogen sind. Ein nicht unerheblicher Teil der Ausgaben ist dagegen haushaltsgebunden, wobei genau dieser Teil bei einer zunehmenden Alterung der Wohnbevölkerung nicht oder nur in geringem Maße sinken wird. Betrachtet man nämlich die Wohnsituation der über 60-Jährigen, so stellt man fest, dass diese überwiegend in 1-2 Personen-Haushalten leben[3]. Wenn also eine Verschiebung der Altersstruktur hin zu älteren Personen stattfindet, kann dies den konsumdämpfenden Effekt einer schrumpfenden Wohnbevölkerung zumindest abmildern, wenn nicht gar kompensieren.

---

3 M. *Münnich*: Zur wirtschaftlichen Lage von Ein- und Zweipersonenrentnerhaushalten – Ergebnisse der Einkommens- und Verbrauchsstichprobe (EVS) 1993, in: Wirtschaft und Statistik Nr. 2/97, 1997, S. 120-135.

Es stehen sich hier also zwei Effekte gegenüber: Auf der einen Seite wird sich eine sinkende Bevölkerungszahl dämpfend auf die Konsumnachfrage auswirken. Da aber die Konsumquote bei den Rentnerhaushalten aufgrund ihres geringeren Einkommens mit 81,6-86,2% (im Jahre1993) deutlich über der von Arbeiter- und Angestelltenhaushalten liegt (75-79%, bzw. 65,3-70,6%)[4], wird auf der anderen Seite eine relativ beständige Anzahl der Haushalte die Nachfrage stabilisieren, so dass der Saldo keineswegs sicher prognostizierbar ist.

3.1.2 Qualitative Nachfrageveränderungen

Eine Verschiebung der Altersstruktur hin zu den älteren Gruppen verstärkt deren Einfluss auf die Konsumstruktur und zwar nach Maßgabe ihrer Einkommens- und Vermögenssituation und ihrer Konsumgewohnheiten. Mit Blick auf die Bruttoeinkommen der 2-Personen-Rentner-Haushalte wird man einen großen Einfluss dieser Personengruppen auf die Nachfragestruktur zunächst bezweifeln können, denn nach einer Untersuchung von *Münnich* beträgt das durchschnittliche Bruttoeinkommen nur etwa die Hälfte von dem der 2-Personen-Arbeiter- und Angestelltenhaushalte[5]. Bei einem zweiten Blick auf das Haushaltsnettoeinkommen verbessert sich diese Relation aber aufgrund der niedrigeren Belastung durch Steuern und Abgaben auf fast zwei Drittel. Bezieht man dann noch die pro Kopf durchschnittlich weniger verdienenden 3- und 4-Personen-Arbeiter- und Angestelltenhaushalte in den Vergleich ein, so nähern sich die „Pro-Kopf-Haushaltsnettoeinkommen"

---

4 Demographischer Wandel: Zweiter Bericht der Enquete-Komission, Hrsg.: Deutscher Bundestag, Referat Öffentlichkeitsarbeit, Bonn, 1998, S. 40, Fußnote 254.
5 Enquete-Kommission „Demographischer Wandel": Berichtsentwurf der Arbeitsgruppe I „Wirtschaft und Arbeit", Bonn, 1998, S. 77.

noch weiter an. Generell hat sich die finanzielle Situation der älteren Menschen verbessert: das Durchschnittsnettogesamteinkommen von Rentnerehepaaren stieg (1986-1995) um 39% auf 3769 DM[6].

Ein dritter Blick auf die Vermögenssituation der Älteren lässt auf zusätzliche hohe Konsumpotentiale schließen. Denn die Haushalte mit einem Haushaltsvorstand von über 65 Jahren verfügen bereits heute über fast ein Viertel aller Geldvermögensbestände, während sie 17% aller Haushalte ausmachen[7]. Relativierend ist allerdings anzumerken, dass sowohl die Einkommen als auch die Vermögensbestände sehr ungleich verteilt sind, was sich dämpfend auf die resultierende Konsumnachfrage auswirken dürfte. In Ostdeutschland dürfte dieser Effekt schwächer sein, da dort die Ungleichverteilung der Einkommen und Vermögen weitaus geringer ist.

Zur Prognose über die zukünftigen Konsumstrukturen der Alten ließen sich zwar die EVS-Daten heranziehen, belastbare Befunde wären damit aber nicht verbunden, da das Konsumverhalten sehr stark kohortenspezifisch ist (z.B. besitzen heute weit mehr ältere Menschen eine Fahrerlaubnis als früher) und sich daher im Zeitlängsschnitt verändert. Aus diesem Grund lassen sich nur die folgenden Aussagen machen[8]:

– Seniorenhaushalte passen ihre Wohnungsgröße nur deutlich unterproportional an die im Lebenszyklus kleiner werdende Haushaltsgröße an. Daher steigen die Anteile der Wohnausgaben am Einkommen.

---

6 Demographischer Wandel: a.a.O., S. 239.
7 Enquete-Kommission „Demographischer Wandel": a.a.O., S. 149.
8 a.a.O., S. 78ff.

- Biologische Veränderungen führen dazu, dass ältere Menschen einerseits einen größeren Teil ihres Einkommens für Produkte und Dienstleistungen des Gesundheitssektors ausgeben, während sie andererseits aufgrund zurückgehender Mobilitätsanforderungen zumindest auf einen Zweitwagen verzichten.
- Zunehmende Freizeit lässt die Ausgaben für Zeitungen und Zeitschriften, Fernseher, Reisen etc. ansteigen.
- Zu berücksichtigen sind auch geschlechtsspezifische Unterschiede: Frauen leben länger, sind aber tendenziell finanziell schlechter ausgestattet, was die Konsumnachfrage dämpfen kann.
- Eine Steigerung der Konsumnachfrage lässt sich erwarten, da die Werbung die älteren Menschen als Zielgruppe entdeckt hat und diese verstärkt umwirbt.

Aufgrund der teilweise gegenläufigen Effekte und der dargestellten Schwierigkeiten bei der Betrachtung der Konsumstruktur lassen sich daher valide Prognosen zum Niveau der Konsumnachfrage der privaten Haushalte in einer alternden Gesellschaft faktisch nicht erstellen und auch hinsichtlich der Konsumstruktureffekte lässt sich keine belastbare Aussage formulieren. Voraussagen über das Konsumverhalten ließen sich nur aufgrund von Längsschnittdaten treffen, um auf Kohorteneffekte zu kontrollieren.

3.2 Angebotsseitige Wirkungen

Nach dieser mehr oder weniger ergebnisoffenen Analyse der Nachfrageseite, wird im Folgenden die Angebotsseite betrachtet, wobei der Weg der Argumentation über die Neoklassik zur Neuen Wachstumstheorie führt.

Die Determinanten wirtschaftlichen Wachstums sind – folgt man zunächst einmal den Neoklassikern – die exogenen Veränderungsraten des Arbeitskräftepotentials und der ebenfalls als exogen angenommene technische Fortschritt. Kurzfristig ist es möglich, über eine Förderung von Ersparnis und Investitionen die Wachstumsrate positiv zu beeinflussen; abnehmende Grenzerträge der Produktionsfaktoren, insbesondere die der Kapitalproduktivität, führen aber langfristig zu einer Stagnation. Will man positive Wachstumsraten erreichen, lässt sich dies in der Welt der Neoklassik durch steigende Investitionsquoten oder über eine Zunahme des – ex definitione vollbeschäftigten – Arbeitskräftepotenzials erreichen, und sieht man als vorrangiges Ziel die Steigerung des Volkseinkommens pro Kopf an, so hängt das Erreichen dieses Ziels allein vom exogen wachsenden technischen Fortschritt ab.

Da die Höhe und Zusammensetzung des Arbeitsangebots – neben den gruppenspezifischen Erwerbsquoten – durch die Bevölkerungsentwicklung bestimmt wird, bestimmt diese – in neoklassischer Sichtweise – die Möglichkeiten, langfristig ein positives Wachstum zu erzielen.

3.2.1 Arbeitsangebotsstruktur

Die Konsequenzen des demographischen Wandels für das Arbeitsangebot in Deutschland sind die folgenden[9]:

Das massive Ausscheiden von Menschen aus dem erwerbsfähigen Alter (15 - 65 Jahre) und die nicht bestandserhaltende Reproduktion soll nach einer Prognose des Instituts der

---

9 Enquete-Kommission „Demographischer Wandel": a.a.O., S. 52ff.

deutschen Wirtschaft (IW) einen Rückgang des Erwerbspersonenpotenzials um 3,2 Mio. bis 2040 bewirken[10]. Prognos, deren angenommene Höhe der Frauenerwerbsbeteiligung geringer ausfällt (als die des IW) schätzt allerdings einen Rückgang um 9 Mio.. Bis zum Jahre 2020 soll zwar nach der jüngsten Prognose des IW das Potenzial noch um etwa 2 Mio. steigen, allerdings nur deshalb, weil ein Wanderungseffekt von 5,7 Mio. Personen unterstellt wird[11], der in dieser Höhe aber angezweifelt werden kann. Ohne diesen Wanderungseffekt kann bereits – realistischerweise – vor dem Jahre 2020 ein Rückgang des Erwerbspersonenpotenzials erwartet werden mit der neoklassischen Konsequenz einer nachlassenden Wachstumsdynamik, da eine Mengenausweitung des Produktionsfaktors „Arbeit" nicht mehr stattfinden kann.

Fraglich ist allerdings, ob diese quantitative Wachstumsdeterminante in modernen Volkswirtschaften überhaupt eine relevante Rolle spielt. Denn empirische Tests auf Grundlage gesamtwirtschaftlicher Produktionsfunktionen kommen regelmäßig zu dem Ergebnis, dass weit über 50% der Wachstumsrate des Outputs nicht auf mengenmäßige Variationen des Faktoreinsatzes, sondern nur auf technischen Fortschritt zurückgehen. Allerdings bietet die neoklassische Wachstumstheorie keinerlei Erklärungen, was diesen technischen Fortschritt beeinflusst bzw. ob er auch von demographischen Komponenten abhängt.

---

10 IW in: Demographischer Wandel, a.a.O., S. 215.
11 Institut der Deutschen Wirtschaft: Reform des Sozialstaats: Vorschläge, Argumente, Modellrechnungen zur Alterssicherung, Köln, 1997, S. 153.

3.2.2 Folgen für den technischen Fortschritt

Erste diesbezügliche Antworten gibt dagegen die „Neue Wachstumstheorie". Im Gegensatz zur traditionellen neoklassischen Sichtweise geht dieser Ansatz davon aus, dass der „Technische Fortschritt" endogen bestimmt wird und sowohl erklärbar als auch wirtschaftspolitisch beeinflussbar ist.

Auf die verschiedenen Richtungen dieses neuen Theoriezweiges kann nicht im Einzelnen eingegangen werden, weshalb an dieser Stelle nur ein Ansatz von *Romer* herausgegriffen werden soll, weil gerade dieser für den hier untersuchten Zusammenhang von demographischem Wandel und Wirtschaftswachstum exemplarisch und wichtig erscheint[12]. Dieser im Folgenden hier stellvertretend vorgestellte Ansatz von *Romer* baut auf dem Learning-by-Doing-Modell von *Arrow* auf, in dem bekanntlich „Wissen" als Produktionsfaktor behandelt wird. *Romers* These lautet, dass bei der Akkumulation von Technologie im Realkapital und von Humankapital für die Volkswirtschaft positive externe Effekte entstehen. Zwar ist mikroökonomisch betrachtet dieses „neue Wissen" mit abnehmenden Grenzerträgen behaftet, in makroökonomischer Sichtweise entstehen aber immer dann positive externe Effekte, da und wenn sich das mit einer Investition verbundene „neue" Wissen vom investierenden Unternehmen nicht völlig aneignen lässt. D.h. vom einzelnen Unternehmen akkumuliertes Wissen ist aufgrund von mangelhaftem Patentschutz oder unzureichender Geheimhaltung nicht allein durch das innovative Unternehmen, sondern mittelfristig durch die gesamte Volkswirtschaft nutzbar.

---

12 *P.M. Romer*: Endogenous Technological Change, in: Journal of Political Economy, Vol. 98/5, 1990, S. 71-102.

Aus diesem Grunde ist es dieser positiven Externalität zu verdanken, dass gesamtwirtschaftlich mit zunehmenden Skalenerträgen produziert werden kann, obwohl für jedes einzelne Unternehmen das Gesetz vom fallenden Grenzertrag bei der Akkumulation von Sach- und Humankapital gilt.

Gilt nun neben „Kapital" das „Wissen" als der wichtigste Produktionsfaktor, dann hängt, da die 20-30-Jährigen die wichtigsten Träger des neuen Wissens sind, das Wachstumspotenzial einer Gesellschaft in entscheidendem Maße von der absoluten Besetzungszahl dieser Kohorten ab. Deshalb stellt der Rückgang dieses Bevölkerungsanteils von derzeit 12 Mio. auf 8,5 Mio. bis 2035 eine Wachstumsbremse dar.

Romer – und das ist für die weitere Überlegung wichtig – trägt nun mit seinem Modell dem Umstand Rechnung, dass der Innovationsprozess in hochentwickelten Industrieländern auf mehrere Teilsektoren der Volkswirtschaft verteilt ist, wobei die Invention von der Innovation organisatorisch und institutionell getrennt ist. *Romer* unterscheidet drei Sektoren: den Forschungssektor, den Investitionsgütersektor und den Konsumgütersektor; der Output eines vorgelagerten Sektors ist gleichzeitig der Input des nachgelagerten. Die Darstellung des Innovationsprozesses ist dabei der Kern des Modells, und der Wachstumsprozess basiert auf zwei Faktoren: Dem Einsatz von Humankapital und der Akkumulation eines Bestands an technischem Wissen.

Der Inputfaktor Humankapital im Forschungssektor ist personengebunden, d.h. dieses Wissen geht mit dem Tod eines Menschen verloren und muss bei jungen Menschen erst neu geschaffen werden. Der Output des Forschungssektors, dies ist das technische Wissen, lässt sich dagegen beliebig akkumulieren, ist allgemein zugänglich und immer wieder verwertbar, wie z.B. Konstruktionspläne oder „Blaupausen". Dieses technische Wissen wird nun wiederum im Investitionsgütersektor inkorporiert, der Output hier besteht aus Zwischenprodukten, die mit Hilfe von weiterem Humankapital, aber auch ungelernten Arbeitskräften, im Konsumgütersektor zu Endprodukten verarbeitet werden. Wirtschaftswachstum resultiert nun daraus, dass ein Teil des vorhandenen Humankapitals nicht im Konsumgüter-, sondern im Forschungssektor eingesetzt wird. Und die Höhe der zukünftigen Wachstumsraten hängt vor allem von der Höhe des heute im Forschungssektors eingesetzten Humankapitals ab. Höhere Wachstumsraten in der Zukunft erfordern in diesem Modell also eine Verlagerung des Humankapitals vom produzierenden Endproduktsektor zum Forschungssektor.

Wenn der Bestand an Humankapital konstant ist, dürfte die wachstumspolitische Forderung nach einer Verlagerung von Humankapital relativ leicht umzusetzen sein. Im Falle eines Schrumpfens und Alterns der Bevölkerung wird dies aber um so schwieriger sein, mit der Folge von Wachstumsverlusten, denn unterstellt man einen gleichbleibenden Anteil an Hochbegabten innerhalb einer Bevölkerung, dann sinkt mit der Größe der Population auch die Zahl derjenigen, welche in der Lage sind, innovative Spitzenleistungen zu bringen. Damit verringert sich die Qualität des gesamtwirtschaftlich zur Verfügung stehenden Humankapitals, und wenn der technische Fortschritt im Wesentlichen von diesem abhängt, muss sich dies negativ auf die Wachstumsraten auswirken.

Gleichzeitig verringert eine sinkende Erwerbspersonenanzahl die Möglichkeit, die von der neuen Wachstumstheorie herausgestellten Skaleneffekte, also den überproportionalen Anstieg des Outputs bei gleichmäßiger quantitativer Variation aller Produktionsfaktoren, zu generieren. Während man in der Vergangenheit – insbesondere in der Periode des raschen Wachstums nach dem zweiten Weltkrieg – stark von solchen Effekten profitierte, wird man zukünftig aufgrund des mit einer Alterung einhergehenden Bevölkerungsrückgangs Erträge solchen Ausmaßes nicht mehr erzielen können. *Felderer* bezifferte die Skaleneffekte der 60er und 70er Jahre – also Zeiten eines Bevölkerungswachstums – noch auf 1,15 - 1,20, d.h. während die Inputfaktoren gleichmäßig um eine Einheit erhöht wurden, stieg der Output in dieser Zeit um 1,15 - 1,2 Einheiten, also 15 - 20% stärker. Ein Teil dieses Effektes lässt sich *Romers* Ansatz folgend zweifellos dem Anstieg des Erwerbspersonenpotenzials und des Humankapitals zuschreiben[13]. Bei einem Bevölkerungsrückgang werden diese auch demographiebasierten Skaleneffekte zumindest vermindert, wenn nicht sogar negativ.

Außerdem dürften sich negative Effekte durch die Reduzierung der Humankapitaldichte, also der Nähe der Humankapitalträger zueinander, bzw. einer abnehmenden Wahrscheinlichkeit synergetischer Kontakte spezifischer Begabung als Folge eines Bevölkerungsrückganges einstellen, denn auch in hochtechnisierten Volkswirtschaften mit ausgeprägten audiovisuellen Kommunikationsmöglichkeiten ist der direkte (face to face) Austausch von Informationen und Ideen innerhalb von Universitäten, Forschungseinrichtungen aber auch auf betrieblicher Ebene immer noch eine wichtige – vielleicht sogar nach wie vor die wichtigste – Determinante für die Kreation neuer Ideen und gegenseitiger Befruchtung.

---

13 *B. Felderer*: Wirtschaftliche Entwicklung bei schrumpfender Bevölkerung – eine empirische Untersuchung, Berlin u.a., 1983.

Für eine Konstanz der Humankapitaldichte bei rückläufiger Bevölkerung könnten zwar Konzentrationsbewegungen durch Faktorwanderungen sorgen, diesen steht aber entgegen, dass nicht alle Produktionsfaktoren beliebig (räumlich und sektoriell) mobil sind (beispielsweise sesshafte Arbeitskräfte, investiertes Sachkapital).

3.2.3 Folgen für die Arbeitsproduktivität

Wenn aber das Erwerbspersonenpotenzial und dessen Produktivität sinken, kann ein Wachstum des Bruttoinlandsprodukts nur noch aus individuellen Produktivitätszuwächsen der Beschäftigten resultieren. Das heißt nicht, dass eine zukünftige „ageing society" grundsätzlich weniger produktiv sein muss als die heutige Gesellschaft, aber die Verschiebung der Altersstrukturen wird zwingend zu einer anderen Qualifikation des Erwerbspersonenpotenzials als heute führen[14]:

- In Bezug auf das Erfahrungswissen, die Kommunikations- und Kooperationsfähigkeiten und die soziale Kompetenz in Teamarbeit dürften Ältere keine Nachteile gegenüber Jüngeren haben.
- Ältere Personen haben sogar komparative Vorteile bei sozialen, personenbezogenen Fähigkeiten.
- Das was von Psychologen plakativ als „kristalline Intelligenz" bezeichnet ist, das Erfahrungswissen, bleibt auch im Alter erhalten. Die altersbedingte Zunahme von berufs-, branchen- und betriebsspezifischer Erfahrung wirkt sich positiv auf die Leistungsfähigkeit aus.

---

14 Enquete-Kommission „Demographischer Wandel": a.a.O., S. 23f.

- Dagegen haben ältere Arbeitnehmer Nachteile bei der Geschwindigkeit der Aneignung neuer Arbeitstechniken und der Verarbeitung bzw. Aufnahme neuen Wissens. Die „fluide Intelligenz" – um auch hier einen bekannten psychologischen Begriff zu bemühen – nimmt im Alter ab. D.h.:

  - die geistige Beweglichkeit und Umstellungsfähigkeit insbesondere beim Umgang mit neuen Techniken und komplexen Aufgabenstellungen verringert sich,
  - das Konzentrations- und Abstraktionsvermögen nimmt ab,
  - die Lern- und Aufnahmebereitschaft besonders für abstrakte Zusammenhänge sinkt,
  - die betriebliche und räumliche Mobilität wird geringer.

Zudem werden im niedrigen Alter erworbene Qualifikationen durch den technischen Fortschritt entwertet oder es tritt ohne Qualifizierungsanstrengungen eine Dequalifizierung ein. In den Unternehmen kann dies beispielsweise zu wachsenden Schwierigkeiten hinsichtlich der Nutzung technisch-organisatorischer Innovationen führen. Dieses Problem wird verschärft, wenn aufgrund des steigenden Durchschnittsalters und der sinkenden verbleibenden Lebensarbeitszeit Unternehmen aus vermeintlich guten betriebswirtschaftlichen Gründen die Fort- und Weiterbildungsangebote für Ältere reduzieren.

Resümierend lässt sich daher (trotz einiger Vorteile eines alternden Erwerbspersonenpotenzials) eine Tendenz zu sinkender Leistungsfähigkeit und struktureller Anpassungsfähigkeit der zukünftigen Erwerbspersonen konstatieren und diese alterungsbedingten negativen Auswirkungen auf die „Ergiebigkeit" des Humankapitals müssen sich – ceteris paribus – nachteilig auf die Produktivitätsentwicklung und damit das Wirtschaftswachstum auswirken[15].

Allerdings hängen die Konsequenzen für das Wachstum auch ganz entscheidend von der Entwicklung der Arbeitsplatzstruktur ab, woraus sich schon eine erste Antwort auf das „Problem" Altern andeutet[16]. Denn da und wenn sich nicht alle Fähigkeiten in gleicher Weise verändern, sondern die altersspezifischen Leistungskurven je nach Arbeitsplatz und Beruf ganz unterschiedlich verlaufen, kann zumindest im Prinzip die Fähigkeit jeder Altersgruppe durch entsprechende Arbeitsplatzgestaltung wachstumseffizient genutzt werden.

Auch wenn es schwierig ist, Prognosen über die Anforderungen der zukünftigen Arbeitsplatzstruktur zu machen, so lässt sich doch mit einiger Sicherheit voraussagen, dass Tätigkeiten, bei denen es in erster Linie auf „jugendliche" Fähigkeiten wie Kraft, Wendigkeit und Reaktionsvermögen ankommt und die überwiegend im sekundären Bereich benötigt werden, zukünftig durch Automaten ersetzt oder aufgrund der globalen Konkurrenz externalisiert und damit von nachrangiger Bedeutung werden. Die Entwicklung der

---

15 Die EU-Kommission versuchte die negativen Auswirkungen des Alterungsprozesses innerhalb der EU auf das Wachstum zu quantifizieren. Danach liegen die erforderlichen Produktivitätssteigerungen zum Ausgleich des Demographieeffektes bis zum Jahre 2005 noch unter 0,3%, um dann rasant anzusteigen (Europäische Kommission: Die demographische Lage in der Union 1995, in: http://europa.eu.int/comm/sg/scadplus/leg/de/cha/c11704b.htm, 1996).

16 G. Buttler: Bevölkerungsrückgang in der Bundesrepublik – Ausmaß und Konsequenzen, Köln, 1979, S. 97f.

Bundesrepublik zu einer forschungs- und entwicklungsintensiveren dienstleistungsorientierten Wirtschaft hat natürlich Auswirkungen auf das geforderte Qualifikationsprofil, ob aber diesem zukunftsorientierten Qualifikationsprofil eine alternde Erwerbsbevölkerung Rechnung tragen kann, darf bezweifelt werden.

3.1.3 Zwischenfazit

Bei einer Abwägung der angeführten Argumente und Befunde wird man zu dem Ergebnis kommen, dass vor allem von der Abnahme der „fluiden Intelligenz", der Aktualität des Wissens und dem damit verbundenen Verlust an Dynamik und Innovationsfähigkeit Beeinträchtigungen der Produktivitätsentwicklung ausgehen werden.

Zudem ist die Wirksamkeit möglicher Kompensationseffekte der alternden Belegschaft, also z. B. durch den Einsatz von Erfahrung, kein Selbstläufer, sondern von der Arbeitsplatzgestaltung und der betrieblichen Fortbildungspolitik abhängig.

Insgesamt ist daher davon auszugehen, dass sich der demographische Wandel tendenziell dämpfend auf die Produktivitätsentwicklung und damit auf das Wirtschaftswachstum auswirken wird.

4 Fazit und politische Konsequenzen

Betrachtet man nun die angebots- und die nachfrageseitigen Wirkungen im Zusammenhang, wird man sagen können, dass die Wirkungen des demographischen Wandels auf die Angebotsseite wesentlich eindeutiger sind, da es nachfrageseitig zwar Strukturveränderungen, aber allenfalls geringfügige absolute Veränderungen geben wird.

Gravierender sind dagegen die Auswirkungen auf das Arbeitskräftepotenzial. Alle vorliegenden Prognosen[17] gehen von einer persistent hohen Arbeitslosigkeit bis 2010 aus, spätestens danach wird aber ein Sinken der Arbeitslosenquote erwartet. Entscheidend für das Ausmaß der Absenkung ist das (prognostizierte) Wirtschaftswachstum. Doch auch bei einer pessimistischen Annahme sinkt nach 2010 das Ausmaß der Arbeitslosigkeit. Dieser zunächst positive Effekt wird langfristig umschlagen. Schon heute herrscht in bestimmten Branchen ein Mangel an qualifizierten Arbeitskräften, der sich in Zukunft vergrößern wird.

Der Schrumpfungsprozess erfasst die arbeitsfähigen und die jüngeren Jahrgänge stärker als alle anderen, und dies dürfte bei einer sinkenden Anzahl von Konsumenten und älter werdendem Arbeitskräftepotenzial die unternehmerische Investitionsbereitschaft negativ beeinflussen. Besonders betroffen von der sinkenden Qualität des Humankapitals wird der auf Innovationen angewiesene produktionsnahe Dienstleistungsbereich sein, denn hier kommt es in erster Linie auf die Entwicklung, Adaption und Umsetzung von Ideen an. Durch den derzeitigen Lehrstellenmangel werden in Zukunft in vielen Unternehmen qualifizierte Arbeitskräfte fehlen.

Dies macht deutlich, dass der Erhalt, die Fortentwicklung und die intensivere Nutzung des gesamtwirtschaftlichen Humankapitals eine – wenn nicht die einzige – Möglichkeit darstellt, auch zukünftig ein nachhaltiges Wirtschaftswachstum zu erzielen. Dazu bieten sich auf der betrieblichen Ebene insbesondere Qualifizierungs-

---

17 Prognosen von Prognos, DIW, ifo, IW in: Demographischer Wandel, a.a.O., S. 227.

konzepte für ältere Arbeitnehmer, aber auch die Anpassung der Arbeitsbedingungen an die Bedürfnisse und Eigenschaften dieser Personengruppe an. Aus volkswirtschaftlicher Perspektive müssen Maßnahmen zur Bildung, zum Erhalt und zur besseren Nutzung von Humankapital ergriffen werden, denn ein hohes Qualifikationsniveau der Arbeitskräfte ist eine wesentliche Voraussetzung dafür, in einer Welt des schnellen Strukturwandels hin zur Informationsgesellschaft und zu wissensintensiver Produktion international wettbewerbsfähig zu sein.

In diese spezifischen Maßnahmen müssen alle wachstumsrelevanten Gruppen integriert werden, auch und gerade Jugendliche, Ausländer und Frauen[18]. Bei der Ausbildung der Jugendlichen hat die Bildungspolitik Sorge dafür zu tragen, dass in Zukunft nicht nur deren qualitative Reserven erschlossen, sondern insbesondere auch die Voraussetzungen für die spätere berufliche Flexibilität geschaffen werden. Dies gilt nicht nur für die deutschen Jugendlichen, sondern insbesondere für die ausländischen, die mittelfristig in vielen deutschen Großstädten in den Altersgruppen zwischen 20 und 45 Jahren fast ebenso viele Erwerbstätige stellen werden wie die Deutschen und als die „letzte" Ausbildungsreserve angesehen werden können.

Eine besonders große Diskrepanz zwischen verfügbarem Humankapital und der praktischen Nutzung auf dem Arbeitsmarkt stellt die nach wie vor geringe Erwerbsquote der Frauen dar, denn obwohl Frauen die Hälfte der Erwerbsbevölkerung stellen, in den Bildungsbereichen häufig die besseren Noten bzw. Abschlüsse erbringen, an den

---

18 *A. Heise et al.*: Begutachtung des Wirtschaftsstandorts Deutschland – aus einer anderen Sicht, in: WSI Mitteilungen 6/98, 393-417, S. 412.

deutschen Gymnasien wie Hochschulen inzwischen sogar mehr als die Hälfte der Studienanfänger stellen, sind sie im Erwerbsleben nicht entsprechend vertreten. In den USA dagegen, in der – wie allgemein bekannt – faktisch Vollbeschäftigung herrscht, ist der Anteil der im Berufsleben stehenden Frauen höher als in jeder anderen der führenden Industrienationen.

Neben diesen gruppenspezifischen Maßnahmen muss eine Flexibilisierung der Arbeitswelt dafür Sorge tragen, dass ein kontinuierlicher Erhalt und eine Verbesserung des Humankapitals des Einzelnen möglich wird. Für die ältere Generation sollten Phasen des Arbeitslebens systematisch durch Zeiten der Fortbildung unterbrochen werden. Eine Institutionalisierung erscheint hier hilfreich.

Eine Anpassung der Arbeitswelt – und nicht nur dieser – an die Bedürfnisse der älteren Menschen kann man auch aus dem Grund erwarten, dass durch die wachsende Anzahl der Älteren eine Erhöhung ihrer Einflußssnahme auf die Politik zu erwarten ist.

Das tatsächliche, zukünftige Ausmaß der aufgezeigten, unter ceteris paribus Bedingungen wahrscheinlichen Beeinträchtigung der Produktivitätsentwicklung durch den demographischen Wandel ist somit kein Datum, sondern sowohl politisch als auch unternehmenspolitisch beeinflussbar, und ein rechtzeitiges politisches Gegensteuern kann demographisch bedingte Defizite auf dem Arbeitsmarkt und Gefährdungen für Produktivitätsfortschritt und Wirtschaftswachstum wenn nicht völlig beseitigen, so doch in relevantem Maße reduzieren.

Gesellschaftliche Alterung, Humankapital und Produktivität

Bernhard Boockmann und Viktor Steiner

1 Einleitung

Die Geburtenrate ist in fast allen Industrieländern seit den 50er und 60er Jahren stark gesunken. In den kommenden Jahrzehnten wird daher das Phänomen gesellschaftlicher Alterung erheblichen Einfluss auf die ökonomische Entwicklung haben. In der Literatur ist bisher vor allem die Wirkung der Alterung auf die Finanzierung der sozialen Sicherung thematisiert worden. In unserem Beitrag befassen wir uns dagegen mit der Wirkung des demographischen Wandels auf den Bestand an Humankapital in der Volkswirtschaft und damit auf die Produktivität der Arbeitnehmer. Zusammen mit der Erwerbsbeteiligung bestimmt die Produktivität die Höhe des Sozialprodukts pro Kopf der Bevölkerung. Nimmt man dies zum Maßstab, so liegt unserer Studie letztlich die Frage nach der Wohlfahrt der vom demographischen Wandel betroffenen Generationen zugrunde.

Häufig wird die Befürchtung geäußert, dass die Produktivität in einer alternden Volkswirtschaft abnimmt, weil ältere Arbeitnehmer aus naturbedingten Gegebenheiten weniger produktiv sind als jüngere, weil ihre Kenntnisse veraltet sind und sie einen zu geringen Anreiz haben, ihr Wissen aufzufrischen. Verstärkt werden diese Probleme möglicherweise dadurch, dass eine alternde Erwerbsbevölkerung auch der positiven Externalitäten verlustig geht, die entstehen, wenn eine Vielzahl motivierter und mit neuem technischen Wissen ausgestatteter Arbeitnehmer sich gemeinsam um Problemlösungen bemüht.

Humankapital ist andererseits nicht untrennbar mit dem Alter oder der Alterskohorte verbunden, sondern wird erworben. Wenn sich die altersmäßige Schichtung der Erwerbstätigen ändert, wirkt dies zurück auf die Löhne – einerseits auf die Relativlöhne unterschiedlicher Generationen, andererseits auf die Relativlöhne unterschiedlich qualifizierter Arbeitnehmer in einer Generation. Damit verändern sich die Anreize zur Ausbildung und Weiterbildung. Die Frage der Humankapitalbildung in einer alternden Gesellschaft muss allerdings im Zusammenhang mit allen Arbeitsmarkteffekten der demographischen Entwicklung gesehen werden. Hierzu gehört auch die Frage der Erwerbsbeteiligung. Zugleich ist zu berücksichtigen, dass demographische Faktoren nur einen Teil der Determinanten ausmachen, die die insgesamt getätigten Investitionen in Humankapital bestimmen. Entscheidend sind insbesondere auch der technologische Wandel und die veränderte Arbeitsteilung in der Weltwirtschaft.

In dieser Untersuchung wollen wir die Effekte des gesellschaftlichen Alterns auf den Humankapitalbestand in einer Volkswirtschaft theoretisch klären und zugleich eine empirische Einschätzung ihrer Bedeutung geben. Zunächst wird versucht, eine Projektion vorzunehmen: Wie wird sich die Alterung auf die durchschnittliche Produktivität der Arbeitnehmer auswirken, wenn das Ausbildungsverhalten und der Produktivitätsverlauf über das Lebensalter hinweg konstant bleiben? Erst danach wird auf die veränderten Anreize zur Aus- und Weiterbildung eingegangen. Im Schlussabschnitt überschreiten wir den Rahmen individueller Entscheidungen und fragen nach der politischen Ökonomie staatlicher Bildungsfinanzierung in einer alternden Gesellschaft.

2 Altersmäßige Schichtung der Erwerbstätigen und durchschnittliche Produktivität

Wenn Humankapital in frühen Phasen des Lebens erworben und während des Arbeitslebens ökonomisch abgeschrieben wird, führt die gesellschaftliche Alterung zu einem geringeren Anteil an Arbeitnehmern mit hoher Humankapitalausstattung und entsprechend hoher Produktivität. Das Gleiche geschieht, wenn die Anforderungen an die Kenntnisse der Arbeitnehmer über die Zeit zunehmen. Daraus leiten sich die Befürchtungen ab, dass die durchschnittliche Produktivität der Arbeitnehmer in einer alternden Gesellschaft sinkt.

Im Folgenden unternehmen wir den Versuch, diesen Effekt zu quantifizieren; wir schließen uns dabei dem Vorgehen von Blanchet[1] an. Zunächst stellt sich ein gravierendes Problem: Um die Durchschnittsproduktivität über alle Altersgruppen zu berechnen, müsste man wissen, wie sich die Produktivität im individuellen Alterungsprozess verändert. Ein solches Altersprofil der Produktivität ist bislang aber noch von niemandem aus empirischen Daten berechnet worden. Zwar könnte die Veränderung der Produktivität eines Arbeitnehmers unter der Annahme jederzeit wettbewerblicher Arbeitsmärkte durch die Veränderung des Lohnes im Lebenszyklus approximiert werden. Aber die theoretischen und empirischen Verdachtsmomente dafür, dass die Arbeitnehmer in frühen Phasen ihrer Erwerbstätigkeit unterhalb ihrer Produktivität, in späteren Phasen jedoch höher als ihre Produktivität entlohnt werden, sind derartig hoch, dass sich ein solches Vorgehen von vornherein verbietet.

---

1 D. *Blanchet*: Does an ageing labour force call for large adjustments in training or wage policies?, in: P. *Johnson/Klaus Zimmermann* (Hrsg.): Labour Markets in an ageing Europe, Cambridge, 1993.

Blanchet[2] verwendet deshalb unterschiedliche hypothetische
Alters-Produktivitäts-Profile. Einmal halbiert sich die individuelle
Produktivität zwischen dem 20. und dem 60. Lebensjahr;
im zweiten Szenario verdoppelt sie sich um das gleiche
Verhältnis. Wir fügen diesen Szenarien ein drittes, aus unserer
Sicht realistischeres hinzu, bei dem die Produktivität bis zum
40. Lebensjahr um 100 Prozent ansteigt und danach auf den
Ausgangswert zurückgeht; das Altersprofil hat die Form eines
umgedrehten, symmetrischen U. Dieser dritte Fall berücksichtigt
nicht nur die Abschreibung von Humankapital,
sondern auch die Tatsache, dass die wachsende Berufserfahrung
die Produktivität der Arbeitnehmer erhöht.

Aus diesen individuellen Alters-Produktivitäts-Profilen wird
dann jeweils die Durchschnittsproduktivität errechnet. Die
gesellschaftliche Alterung kommt in die Berechnungen herein,
indem die Produktivität einer bestimmten Altersgruppe
mit dem Anteil dieser Altersgruppe an den Erwerbstätigen
gewichtet wird. Diese Gewichtungsfaktoren variieren natürlich
im Prozess der demographischen Veränderung. Wir
erhalten die Gewichtung aus einer Bevölkerungsvorausschätzung
des Bielefelder Instituts für Bevölkerungsforschung
und Sozialpolitik bis zum Jahre 2100; es handelt sich dabei
um eine weiterentwickelte und verfeinerte Berechnung der
Variante 4, wie sie in Birg et al.[3] abgedruckt ist. Dabei
benutzen wir die Angaben für die Gesamtbevölkerung, also
Männer und Frauen, Deutsche und Ausländer, Ost- und
Westdeutschland. Um von der Bevölkerungszahl auf die

---

2 a.a.O.
3 *H. Birg, E.-J. Flöthmann, Th. Frein, K. Ströker.* Simulationsrechnungen zur Bevölkerungsentwicklung in den alten und neuen Bundesländern im 21. Jahrhundert, Materialien des Instituts für Bevölkerungsforschung und Sozialpolitik, Band 45, Bielefeld 1998.

Zahl der Erwerbstätigen zu kommen, benutzen wir die Vorausschätzungen der Erwerbspotenzialquote des Prognos-Instituts[4]. Da diese nur bis zum Jahr 2030 berechnet wurden, unterstellen wir, dass die Erwerbsbeteiligung von diesem Jahr an konstant ist. Die Ergebnisse dieses Vorgehens sind dem Schaubild 1 zu entnehmen.

Das Schaubild zeigt den Verlauf der Durchschnittsproduktivität aller Altersgruppen in den drei Produktivitäts-Szenarien,

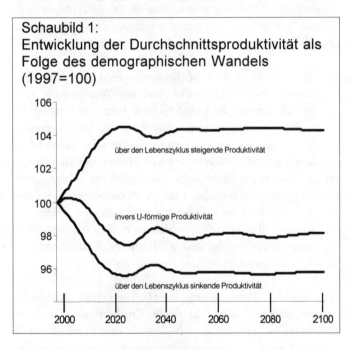

Schaubild 1:
Entwicklung der Durchschnittsproduktivität als Folge des demographischen Wandels (1997=100)

---

4 Prognos AG : Auswirkungen veränderter ökonomischer und rechtlicher Rahmenbedingungen auf die gesetzliche Rentenversicherung in Deutschland, herausgegeben vom Verband Deutscher Rentenversicherungsträger, Frankfurt am Main 1998.

wobei die durchschnittliche Produktivität des Jahres 1997 auf den Wert 100 gesetzt wurde. Von diesem Ausgangspunkt aus ist im ersten Szenario, der konstant sinkenden individuellen Produktivität, eine Verringerung festzustellen, die bis etwa zum Jahr 2015 reicht. Von da an bleibt die Durchschnittsproduktivität auf einem dauerhaft niedrigeren Niveau als 1997. Der Rückgang erklärt sich mit der Zunahme des Durchschnittsalters unter den Erwerbstätigen. Dass die gesamtgesellschaftliche Produktivität nicht wieder auf das Ausgangsniveau steigt, liegt daran, dass die Bevölkerungsvorausschätzung von Birg et al.[5] eine kontinuierlich schrumpfende Bevölkerung ergibt.

Das zweite, gegensätzliche Szenario weist demgegenüber eine dauerhaft erhöhte Produktivität auf. Weil hier die Älteren produktiver als die Jüngeren sind, führt ein Anstieg des Durchschnittsalters zu einer Zunahme der Durchschnittsproduktivität. Das dritte Szenrio zeigt zunächst einen leichten Anstieg der Durchschnittsproduktivität, der sich daraus erklärt, dass in den Jahren bis etwa 2005 die geburtenstarken Jahrgänge der 60er Jahre das Alter erreichen, in dem sie am produktivsten sind. Danach ist ein fallender Verlauf zu beobachten, der auf einem Niveau endet, das dauerhaft niedriger ist als das Niveau im Jahre 1997, aber nicht so niedrig wie im ersten Szenario.

Eine wichtige Beobachtung betrifft die Größe der Änderungen. Obwohl die individuelle Produktivität über den Lebenszyklus stark variiert, finden wir eine vergleichsweise geringe Variation der gesellschaftlichen Produktivität. Die Verschiebung der Anteile unterschiedlicher Altersgruppen bewirkt also keine dramatische Änderung der Durch-

---

5 *H. Birg, E.-J. Flöthmann, Th. Frein, K. Ströker.* a.a.O.

schnittsproduktivität. Zwar ist auch ein Rückgang von fünf Prozent nicht zu vernachlässigen. Aber auch viele andere Einflussgrößen, etwa unterschiedliche technologische Entwicklungen oder Änderungen im Ordnungsrahmen der Wirtschaft, könnten Unterschiede in der Durchschnittsproduktivität in dieser Größenordnung hervorrufen.

Alle diese Resultate muss man, da sie nur grobe Abschätzungen sind, mit großer Vorsicht betrachten. Möglicherweise haben wir die Variation der individuellen Produktivität über den Lebenszyklus als zu gering eingeschätzt. Ferner haben wir nicht berücksichtigt, dass auch die absolute Zahl der Erwerbstätigen und nicht nur die Anteile der Altersgruppen einen Einfluss auf die Durchschnittsproduktivität ausübt. Diese könnte mit einer abnehmenden Zahl von Erwerbstätigen steigen, wenn die gesamtgesellschaftliche Produktionsfunktion abnehmende Grenzerträge für den Faktor Arbeit aufweist. Sie könnte sich aber auch vermindern, wenn positive Externalitäten zwischen Arbeitnehmern vorliegen.

3 Die Wirkung der Alterung auf die Ausbildungsentscheidung

Bislang haben wir einen unveränderlichen Zusammenhang zwischen Alter und Produktivität unterstellt. In der Wirklichkeit kann die Produktivität jedoch durch allgemeine oder berufliche Qualifizierung, also durch die Ausbildung, sehr wohl beeinflusst werden. Welches Ausbildungsniveau gewählt wird, könnte dabei auch von der demographischen Entwicklung abhängen. Wenn sich die Angehörigen der geburtenschwachen Jahrgänge besser ausbilden, könnten die Folgen der gesellschaftlichen Alterung für das Sozialprodukt und die fiskalischen Konsequenzen für die Rentenversicherung gemildert werden, könnte also die demographische Entwicklung durch eine verbesserte Humankapitalausstattung wenigstens teilweise kompensiert werden. Ob es Mechanismen gibt, die dazu führen, wollen wir hier untersuchen.

Wir behandeln zwei Komponenten der Ausbildung getrennt. Zunächst beschäftigen wir uns mit der Primärausbildung, die vor Beginn der Erwerbstätigkeit erworben wird: mit der schulischen und allgemeinen Bildung. Im zweiten Abschnitt gehen wir – knapper noch als auf die Erstausbildung – auf die berufliche Weiterbildung ein.

3.1 Wirkung auf die Primärausbildung: Theoretische Überlegungen

Nach der Humankapitaltheorie kann die Ausbildungsentscheidung als eine ökonomische Investitionsentscheidung angesehen werden, deren Erträge sich aus dem später erzielbaren Einkommen ergeben. Maßgeblich dafür ist, wie sich die relativen Löhne zwischen mehr oder weniger qualifizierten Arbeitnehmern ändern. Wir wollen im Folgenden von der Ausbildungsprämie sprechen und meinen damit den Aufschlag auf den Stundenlohn in Prozent, den ein Arbeitnehmer erhält, wenn er ein Jahr länger in der Ausbildung verbringt. Je höher die Ausbildungsprämie, desto höher sollte das gewählte Ausbildungsniveau sein. Im Ausbildungskalkül sind neben den Erträgen auch die Ausbildungskosten zu betrachten, aber ein großer Teil der Kosten der allgemeinen Ausbildung wird nicht vom Einzelnen, sondern vom Staat getragen (vgl. Abschnitt 4). Beim Individuum verbleiben als Kosten im wesentlichen die Opportunitätskosten der Ausbildung in Form von entgangenem Einkommen. Verrechnet man die Ausbildungsprämie mit den Kosten der Ausbildung, dann erhält man die *Ausbildungsrendite*.

In empirischen Studien für die Vereinigen Staaten hat sich gezeigt, dass die Ausbildungsrendite für die geburtenstarken Jahrgänge der 50er und frühen 60er Jahre im Vergleich zu früheren Jahrgängen zurückgegangen ist. Welch[6] findet beispielsweise, dass von 1967 bis 1975 der demographische Effekt die Einstiegsgehälter für Hochschulabsolventen um 13 Prozent unter das Niveau gesenkt hat, das sie bei konstanter Bevölkerungsentwicklung gehabt hätten. Berufsanfänger ohne Hochschulabschluss mussten dagegen nur einen Rückgang von 6 Prozent hinnehmen. Ähnliche Ergebnisse finden sich auch in anderen Studien, etwa bei Freeman[7] oder Stapleton und Young[8]. Im Umkehrschluss würde das bedeuten, dass die Ausbildungsrendite steigen würde, wenn geringer besetzte Alterskohorten auf den Arbeitsmarkt kommen.

Wie ist die Veränderung der Ausbildungsrendite ökonomisch zu erklären? Zur Vereinfachung wollen wir annehmen, dass die Nachfrage nach den produzierten Gütern unabhängig von der demographischen Entwicklung ist (zu den Effekten der Demographie auf die gesamtwirtschaftliche Nachfrage siehe den Beitrag von Rürup in diesem Band). Wie üblich wollen wir außerdem annehmen, dass die gesamtwirtschaftliche Produktionsfunktion abnehmende Grenzerträge für den Faktor Arbeit aufweist und dass der Faktor Arbeit gemäß seiner Grenzproduktivität entlohnt wird. Hieraus ergibt sich als einfacher produktionstheoretischer Zusammenhang, dass eine sinkende Erwerbs-

---

6 F. Welch: Effects of cohort size on earnings: The baby boom babies' financial bust, Journal of Political Economy, 87, 1979, S. 65-97.
7 R.B. Freeman: The effect of demographic factors on age-earnings profiles, Journal of Human Resources, 14, 1979, S. 289-318.
8 D.C. Stapleton, D.J. Young: Educational attainment and cohort size, Journal of Labour Economics, 6, 1988, S. 330-361.

tätigenzahl positive Auswirkungen auf die Produktivität und damit auf die Löhne hat. Wenn der Einbruch in der Zahl der Arbeitskräfte permanenter Natur ist, steigen die Löhne auf ein dauerhaft höheres Niveau.

Dieser Effekt ist umso ausgeprägter, je geringer die Elastizität der Arbeitsnachfrage ist. Folglich wird die Ausbildungsrendite immer dann auf den demographischen Wandel reagieren, wenn die Nachfrageelastizität für unterschiedlich gut ausgebildete Arbeitnehmer nicht gleich hoch ist. Wenn die Arbeitsnachfrage im Bereich höher qualifizierter Arbeit vergleichsweise unelastisch ist, steigen die Löhne dort stärker als bei den geringer Qualifizierten, wenn die Zahl der Erwerbstätigen sich jeweils um den gleichen Anteil vermindert. Die Prämisse einer geringeren Elastizität bei den Hochqualifizierten lässt sich in der Tat empirisch belegen[9].

Gilt dieser Effekt für Arbeitnehmer aller Altersgruppen, oder beschränkt er sich auf diejenigen, die neu auf den Arbeitsmarkt kommen, wie es die schon erwähnte Studie von Finis Welch nahelegt? Wenn sich die Reaktion der Löhne auf die Angehörigen bestimmter Geburtsjahrgänge konzentriert, sprechen wir von einem Kohorteneffekt. Dazu kann es nur kommen, wenn es zwischen jüngeren und älteren Arbeitskräften Substitutionshemmnisse in der Produktion gibt. Den Arbeitgebern ist es also nicht egal, ob sie Ältere oder Jüngere beschäftigen, sondern die unterschiedlich lange Berufserfahrung macht Arbeitnehmer auf bestimmten Arbeitsplätzen unterschiedlich produktiv. Folglich

---

9 M. Falk, B. Koebel: Determinanten der qualifikatorischen Arbeitsnachfrage in der westdeutschen Industrie 1978-90: FuE-intensive versus nicht FuE-intensive Industrien, in : F. Pfeiffer, W. Pohlmeier (Hsg.): Qualifikation, Weiterbildung und Arbeitsmarkterfolg, Schriftenreihe des ZEW, 31, Baden-Baden, 1999.

gibt es nicht einen Lohn für alle Altersgruppen, sondern altersmäßig differenzierte Löhne, die die relativen Knappheiten zwischen Arbeitskräften bestimmter Altersgruppen widerspiegeln. Der Effekt einer größeren oder kleineren Zahl von Arbeitskräften in einer Geburtskohorte spiegelt sich damit in deren Löhnen relativ zu denen anderer Kohorten wider. Das Gleiche gilt für die Ausbildungsrendite.

Wir haben eben argumentiert, dass die inverse Beziehung zwischen Arbeitsangebot und Ausbildungsrendite dadurch zustande kommt, dass die Elastizität der Arbeitsnachfrage nach besser ausgebildeten Arbeitnehmern vergleichsweise gering ist. Wenn es Kohorteneffekte gibt, haben wir noch einen zweiten Grund für die Veränderungen der Ausbildungsrendite im demographischen Wandel. Es kommt dann nämlich auch darauf an, ob sich Jüngere und Ältere auf verschiedenen Qualifikationsstufen unterschiedlich gut gegeneinander substituieren lassen. Wenn die Substitutionsmöglichkeiten zwischen Altersgruppen bei höherqualifizierten Arbeitnehmern geringer sind (je mehr Wissen erworben wurde, desto mehr Wissen kann auch veralten), dann steigen deren Einstiegslöhne bei einer gegebenen Zunahme der Berufsanfänger stärker als die Einstiegslöhne der weniger gut Ausgebildeten. Denn bei ihnen beschränkt sich der Knappheitseffekt weitgehend auf die eigene Kohorte und greift nicht auf die anderen Altersgruppen über. Empirisch hat sich gezeigt, dass diese Substitutionsverhältnisse tatsächlich zu finden sind[10].

Um den Effekt der Bevölkerungsentwicklung auf die Ausbildungsrendite und damit den Ausbildungserwerb einzuschätzen, kommt es also entscheidend auf die Substitutionsverhältnisse zwischen älteren und jüngeren, gut und weniger

---

10 D.C. Stapleton, D.J. Young. a.a.O.

gut qualifizierten Arbeitnehmern an. Im Folgenden wollen wir untersuchen, ob sich die Ausbildungsrendite in Deutschland über die Zeit und für unterschiedliche Geburtskohorten verändert hat. Die demographische Entwicklung, mit der wir es hier vor allem zu tun haben, ist der starke Anstieg der Geburtenzahl nach dem Krieg, wie er aus Schaubild 2 zu ersehen ist. Hieraus versuchen wir dann den Umkehrschluss auf die Wirkung des Bevölkerungsrückgangs zu ziehen. Die geburtenschwachen Jahrgänge nach 1970 sind dagegen noch nicht in ausreichendem Maße auf den Arbeitsmarkt gelangt, um gesicherte Evidenz über ihre Ausbildungsrendite zu erhalten.

3.2 Demographie und Qualifikation: empirische Evidenz

Bisherige Schätzungen haben ergeben, dass sich die Ausbildungsrendite in Deutschland über die letzten 10 bis 15 Jahre kaum verändert hat[11]. Diese Aussagen beziehen sich jedoch ausschließlich auf Querschnitte über alle Altersgruppen. Hier wollen wir dagegen Schätzungen von Kohorteneffekten auf die Ausbildungsprämie vornehmen, das heißt,

---

11 *B. Fitzenberger, W. Franz:* Flexibilität der qualifikatorischen Lohnstruktur und Lastverteilung der Arbeitslosigkeit: Eine ökonometrische Analyse für Westdeutschland. In: *B. Gahlen, H. Hesse, H.J. Ramser* (Hrsg.): Zunehmende Ungleichheit – Erklärungen und Konsequenzen, Schriftenreihe des Wirtschaftswissenschaftlichen Seminars Ottobeuren, 27, Tübingen, 1998; *J. Möller:* Die Entwicklung der qualifikatorischen Lohn- und Beschäftigungsstruktur in Deutschland: Eine empirische Bestandsaufnahme, in: *Franz, W.* (Hrsg.): Themenheft Lohnstrukturen, Qualifikation und Mobilität, Jahrbücher für Nationalökonomie und Statistik, 219, 1999, S. 9-31; *V. Steiner, K. Wagner:* Has earnings inequality in Germany changed in the 1980s? Zeitschrift für Wirtschafts- und Sozialwissenschaften, 118, 1998, S. 29-60.

Schaubild 2:
Bevölkerung nach Geburtsjahrgängen
(in 1000, im Mittelwert 1984-97)

die Ausbildungsprämien zwischen unterschiedlichen Geburtsjahrgängen vergleichen. Alle Ergebnisse sind laufenden Forschungen des ZEW entnommen[12].

Wir schätzen die Parameter einer Lohngleichung, wie es seit Mincer[13] in der Arbeitsmarktökonomik Standard ist; das Verfahren wird ausführlich bei Franz[14] dargestellt. Die

---

12 Zum Schätzverfahren vgl. ausführlicher B. *Boockmann, V. Steiner*: Cohort effects and the returns to education, ZEW Discussion Paper 00-05, Mannheim, 2000.
13 *J. Mincer*: Schooling, Experience and Earnings, New York, 1974.
14 *W. Franz*: Arbeitsmarktökonomik, 4. Aufl, Heidelberg, 1999.

Mincer-Gleichung erklärt den Logarithmus des Lohnsatzes (w) durch die Dauer der Berufserfahrung, deren Quadrat und die Ausbildungsdauer:

$$\ln w_{it} = a_0 + a_1 \text{Erfahrung}_{it} + a_2 \text{Erfahrung}_{it}^2 + a_3 \text{Ausbildung}_{it} + \ldots + u_{it},$$

wobei der Index i für die Individuen steht und der Index t für Zeitperioden. Für uns ist der Koeffizient der Ausbildungsvariable a_3 interessant; unter bestimmten Annahmen lässt er sich als Ausbildungsrendite interpretieren. Diesen Koeffizienten schätzen wir für verschiedene Alterskohorten jeweils separat, um zu sehen, ob sich die Ausbildungsrendite mit dem Geburtsjahr ändert. Auch das Absolutglied der Regression a_0 kann nach Zeitperioden t und Geburtskohorten unterschiedliche Werte annehmen.

Datengrundlage sind die bislang vorliegenden Wellen von 1984 bis 1997 des Sozio-Ökonomischen Panels (SOEP). Wir nehmen getrennte Schätzungen für Männer und Frauen vor. Der Lohn ist bei uns der Bruttolohn pro Arbeitsstunde (einschließlich bezahlter Überstunden). Unser Maß für Erfahrung sind die Jahre, die die Arbeitnehmer tatsächlich in Vollzeiterwerbstätigkeit (bei Frauen: auch in Teilzeitbeschäftigung) verbracht haben; diese Variable wird aus den retrospektiven Angaben der SOEP-Teilnehmer errechnet. Als Variable für die Ausbildung verwenden wir die Zahl der Jahre, die der oder die Befragte in der Schule, in der Berufsausbildung oder im Studium verbracht hat. Daneben gehen noch eine Reihe von Kontrollvariablen, wie Firmengröße, die Branche oder das Bundesland, in die Schätzungen ein.

Unsere Regressionen weisen ein Bestimmtheitsmaß von ungefähr 50 Prozent bei Männern und 40 Prozent bei Frauen auf. Im Folgenden führen wir allein die Ausbildungsprämien auf.

Schaubild 3 zeigt den prozentualen Aufschlag auf den Lohn, der durch ein zusätzliches Schuljahr hervorgerufen wird. Unter den Männern steigt die Ausbildungsrendite bis ungefähr zum Jahrgang 1945 an, um für spätere Geburtsjahrgänge monoton zu sinken. Bei den Frauen sinkt die Ausbildungsprämie über alle beobachteten Alterskohorten. Von der Geburtskohorte 1940-44 an verläuft die Entwicklung bei Männern und Frauen ungefähr gleich. Der Rückgang der Ausbildungsprämie bei den Nachkriegsgenerationen ist vereinbar mit der demographischen Hypothese – bis auf die Tatsache, dass die Ausbildungsrendite auch für die wieder schwächer besetzte Kohorte ab Geburtsjahrgang 1970 nicht wieder ansteigt. Das Auseinanderklaffen der Entwicklung zwischen Männern und Frauen in den Vorkriegsjahrgängen lässt sich dagegen nicht mit der Demographie erklären. Wegen des Krieges sind hier die Kohorten bei den Männern besonders schwach besetzt; nach unseren Ergebnissen sind es aber die Frauen, die hier eine besonders hohe Ausbildungsrendite erzielen.

Diese Ergebnisse sind außerordentlich prägnant und in ihrer Größe auch für uns überraschend. Wir haben sie deshalb auf ihre Robustheit geprüft. Ein mögliches Problem ist, dass die einzelnen Kohorten in einem unterschiedlichen Lebensalter beobachtet werden. Die Löhne steigen allgemein über den Lebenszyklus an. Es könnte deshalb sein, dass diese Tatsache fälschlich den Alterskohorten zugeschrieben wird.

Natürlich berücksichtigen wir dies, indem wir – wie aus der Formel ersichtlich – die Berufserfahrung in die Schätzgleichung einbeziehen, und die verwendete Variable hat den der Vorhersage entsprechenden und signifikanten Koeffizienten. Dennoch besteht die Gefahr, dass wegen Fehlspezifikation der Gleichung oder Problemen bei der Messung

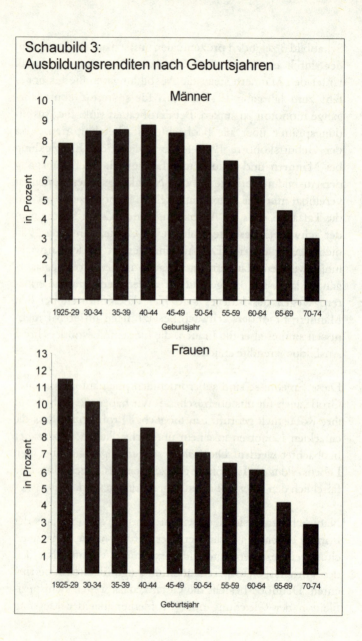

Schaubild 3:
Ausbildungsrenditen nach Geburtsjahren

von Erfahrung ein Teil der Erfahrungsprämie fälschlich der Kohortenvariable zugeschrieben wird, so dass die in dem Schaubild sichtbare Entwicklung nichts anderes ist als das Lebenszyklus-Profil der in der Stichprobe enthaltenen Arbeitnehmer. Deshalb haben wir die Ausbildungsrenditen zweier unterschiedlicher Kohorten zum gleichen Lebensalter berechnet: einmal für die Geburtskohorte 1962-68, also die Angehörigen des westdeutschen „Baby-Booms", und zum Vergleich für die weit schwächer besetzte, 13 Jahre ältere Kohorte, also die zwischen 1949 und 1955 Geborenen. Die spätere Kohorte wird im Jahre 1997 untersucht, die frühere im Jahre 1984. In jedem Fall handelt es sich um Beschäftigte, die zwischen 29 und 35 Jahren alt sind – die unterschiedliche Dauer der Berufserfahrung über die Kohorten hinweg ist also eliminiert worden. Die Lohngleichung wird ansonsten genauso geschätzt wie zuvor.

Die Ergebnisse sind in Tabelle 1 enthalten. Die Ausbildungsrendite in Prozent ist für die Kohorte 1962-68 signifikant geringer als für die Kohorte 1949-55. Wenn man die Ergebnisse mit den Schaubildern vergleicht, stellt man fest, dass die Ergebnisse größenmäßig sehr nahe bei denen liegen, die die Schätzung über alle Kohorten hinweg ergibt. Allerdings erscheint der Rückgang der Ausbildungsrendite bei den Männern nicht mehr ganz so stark zu sein. Die in den Schaubildern gezeigten Ergebnisse bestätigen sich ebenfalls, wenn man die jeweils zwanzig Jahre früheren Kohorten zum selben Alterszeitpunkt vergleicht. Allerdings ist die Abnahme, die sich dort besonders für die Frauen zeigt, nicht statistisch gesichert.

Da jüngere Kohorten zum Teil noch in der Ausbildung sind, lässt sich die gleiche Untersuchung nicht für sie durchführen. Gesichert ist auf der Grundlage unserer Daten deshalb nur der Rückgang der Ausbildungsrendite in den geburtenstarken Jahrgängen nach dem Krieg bis etwa zum Geburtsjahrgang 1968.

Wir kommen zum Ergebnis, dass es in der Ausbildungsrendite deutliche Kohorteneffekte gibt. Offenbar sind jüngere und ältere Arbeitnehmer unvollkommene Substitute, was für sich schon einmal ein wichtiges Ergebnis ist. Es lässt sich beobachten, dass die Ausbildungsrendite bei Frauen und Männern von der Nachkriegsgeneration zu den Angehörigen des „Baby-Booms" sinkt. Nicht ganz klar ist die Entwicklung bis zum Geburtsjahrgang 1945; hier sind die Ergebnisse weniger robust. Auch die Befunde für die geburtenschwächeren Jahrgänge ab 1970 sollten nicht überinterpretiert werden.

Hier ließe sich eine Vielzahl weiterer Fragen anschließen, vor allem, ob diese Effekte für alle Individuen zu beobachten sind oder sich auf bestimmte Bildungsgänge, bestimmte Segmente der Lohnverteilung und bestimmte Sektoren der Volkswirtschaft beschränken. Wir können darauf an dieser Stelle nicht eingehen. Stattdessen wollen wir versuchen, die empirischen Befunde zu erklären.

Für Änderungen in der Ausbildungsrendite kommen folgende Erklärungen in Frage:

– die Bildungsexpansion, d.h. die Ausdehnung des Angebots an qualifizierter Arbeit;
– die gestiegene Nachfrage der Unternehmen nach qualifizierter Arbeit;
– die demographische Entwicklung;
– die gestiegene Erwerbsbeteiligung von Frauen;
– eine Nivellierung der Löhne durch die gewerkschaftliche Lohnpolitik.

Tabelle 1:
Ausbildungsprämien bestimmter Kohorten in gegebenem Alter

a) 29-35-Jährige

Geburtskohorte	1949-55	1962-68	Zahl der Be-
Beobachtungsjahr	1984	1997	obachtungen
Männer***	8,60	6,06	668
Frauen*	6,90	4,28	452

b) 49-55-Jährige

Geburtskohorte	1929-35	1942-48	Zahl der Be-
Beobachtungsjahr	1984	1997	obachtungen
Männer	9,09	8,66	404
Frauen	10,16	7,86	267

* signifikant zum 10%-Niveau
*** Unterschied signifikant zum 1%-Niveau (t-Test)

Die gewerkschaftliche Lohnpolitik als Ursache ist nicht vereinbar mit der Tatsache, dass die Ausbildungsrendite im Jahr 1997 für eine bestimmte Alterskohorte niedriger war als für die entsprechende Kohorte im Jahr 1984, denn die Gewerkschaftsmacht ist – etwa gemessen an der Gewerkschaftsmitgliedschaft – seit damals eher gesunken als gestiegen. Die Nachfrage der Unternehmen nach qualifizierter Arbeit ist sicherlich gestiegen und nicht gesunken, daher kann der Verfall der Ausbildungsrendite nicht auf sie zurückgeführt werden. Der Anstieg der Frauenerwerbstätigkeit kann nicht die einzige Ursache sein, weil die Ausbildungsrendite für Frauen und Männer gleichermaßen gesunken ist. Es bleiben die Bildungsexpansion und die Demographie als mögliche Erklärungen.

Welcher Anteil an der Veränderung des Angebots in den höheren Ausbildungsgruppen geht auf demographische Ursachen, welcher auf Veränderungen im Ausbildungsverhalten zurück? Hier kann es uns nur um eine grobe Abschätzung gehen. Beispielsweise hat sich der Anteil der Erwerbstätigen, die eine Universität oder eine Fachhochschulausbildung abschließen, in der Geburtskohorte 1957-61 gegenüber der Kohorte 1941-46 von 14,3 auf 17,7 Prozent, also um etwa ein Viertel erhöht[15]. Der Anteil derer, die eine Lehre wählten, hat sich dagegen mit einem Anstieg von 62,2 auf 63,1 Prozent kaum verändert. Hingegen ist der Anteil derer, die keinen Berufsabschluss vorweisen können, von 13,5 auf 10 Prozent gefallen.

Die Kohortenstärke hat zwischen den Kohorten 1941-46 und 1957-61, jeweils um das 40. Lebensjahr gemessen, von 3,73 Millionen auf 5,35 Millionen zugenommen. Das bedeutet einen Anstieg um 43 Prozent. Auch für die Zahl der Hochschulabsolventen ist also die demographische Entwicklung noch wichtiger als die Bildungsexpansion. Dies gilt selbstverständlich noch viel mehr für die geringeren Bildungsabschlüsse.

3.3 Schlussfolgerungen aus den Schätzergebnissen

Unsere empirischen Ergebnisse zeigen, dass die Höhe der Ausbildungsrendite in Deutschland für die geburtenstarken Jahrgänge der 60er Jahre deutlich gesunken sind, ähnlich wie es sich in den Vereinigten Staaten gezeigt hat. Ob tatsächlich ein

---

15 vgl. *F. Pfeiffer, M.Falk*: Der Faktor Humankapital in der Volkswirtschaft, ZEW Wirtschaftsanalysen, 35, Baden-Baden, 1999, Tabelle 3-5.

kausaler Zusammenhang zur demographischen Entwicklung besteht und wie stabil dieser ist, bedarf noch eingehender Untersuchungen. Wir vermuten jedoch, dass die Ausbildungsrendite für die geburtenschwachen Jahrgänge tendenziell wieder steigen wird. In diesem Fall hätten die Arbeitnehmer einen Anreiz, eine längere Ausbildungsdauer zu wählen.

Allerdings haben wir mit der Ausbildungsrendite nur den Bildungsanreiz der Individuen untersucht, nicht aber ihre tatsächliche Bildungsentscheidung. Hierfür sind noch andere Faktoren maßgeblich, die nicht durch die Ausbildungsrendite bedingt sind; gerade die Bildungsexpansion der vergangenen Jahrzehnte lässt sich ja ihrerseits gerade nicht durch einen Anstieg der Ausbildungsrenditen erklären. Ganz entscheidend ist sicherlich, inwieweit die Veränderungen der Ausbildungsrendite von den künftigen Arbeitnehmern auch wahrgenommen werden. Rechnen die Jugendlichen und jungen Erwachsenen, die jetzt ihre Erstausbildung wählen, mit dem Knappheitseffekt? Oder orientieren sie sich vielleicht eher an der Ausbildungsrendite, die sie bei den Älteren beobachten? In diesem Fall hätten wir es mit einer verzögerten Anpassung zu tun, die zeitweise sogar zu einer Verstärkung der demographiebedingten Knappheit an Humankapital führen könnte.

3.4 Gesellschaftliche Alterung und Weiterbildung

Eine besondere Bedeutung bei der Bewältigung des demographischen Wandels wird häufig der beruflichen Weiterbildung gegeben, so etwa im Bericht der Enquete-Kommission „Demographischer Wandel" von 1998[16]. Wenn weniger jüngere

---

16 Deutscher Bundestag (Hrsg.): Demographischer Wandel: Zweiter Zwischenbericht der Enquete-Kommission „Demographischer Wandel" – Herausforderungen unserer älter werdenden Gesellschaft an den einzelnen und die Politik, Bonn, 1998.

Arbeitnehmer auf den Arbeitsmarkt gelangen, steigt der Anteil derer, deren Ausbildung schon lange zurückliegt und deren Kenntnisse folglich veraltet sind. Die Weiterbildung könnte in diesem Fall helfen, den Zustrom aktuellen Wissens in die Produktion aufrechtzuerhalten.

Wird der demographische Wandel dazu führen, dass der Umfang der Weiterbildung künftig zunimmt? Bei der Beantwortung dieser Frage könnte man zunächst ähnlich vorgehen wie bei der Frage nach der Erstausbildung und die Ausbildungsprämien ermitteln. Zu berücksichtigen ist allerdings, dass die Finanzierung der Weiterbildung zumeist von den Unternehmen getragen wird. Die ökonomische Theorie unterscheidet dabei im Anschluss an Gary Becker[17] meist zwischen Weiterbildung in firmenspezifisches und allgemeines Humankapital. Der Unterschied ist, dass nur allgemeines Humankapital den Arbeitnehmer auch in anderen Firmen produktiver macht. Der Theorie zufolge werden Kosten der Bildung von allgemeinem Humankapital vom einzelnen Arbeitnehmer getragen, weil sonst die Gefahr besteht, dass die auf Kosten einer Firma geschulten Arbeitnehmer von anderen Firmen abgeworben werden. Nur am Erwerb firmenspezifischen Humankapitals beteiligen sich deshalb die Unternehmen. In der Realität freilich zahlen die Firmen häufig auch für Weiterbildungsmaßnahmen, die dem Arbeitnehmer auch in anderen Firmen nützlich wären.

Aber gleichgültig, wer die Weiterbildung finanziert: Ihr Erfolg besteht letztendlich im Produktivitätszuwachs, und dieser sollte sich auch in den Löhnen widerspiegeln. Deshalb können auch für die berufliche Weiterbildung Ausbildungsprämien berechnet und als Maß für den Anreiz zur

---

17 *G. Becker*: Human capital, New York, 1964.

Humankapitalbildung verwendet werden. Sinkt (bzw. steigt) die Ausbildungsrendite, wenn sie die Größe der Geburtskohorte erhöht (vermindert), dann bedeutet das einen geringeren (höheren) Anreiz für zusätzliche Weiterbildung.

Bisher liegen kaum Studien zur Ausbildungsprämie für die Weiterbildung vor. Schömann und Becker[18] finden jedoch, dass sich die Erträge der Weiterbildung zwischen 1950 und 1983 vermindert haben. Dabei bestehen gewisse Unterschiede zwischen Männern und Frauen sowie zwischen Arbeitnehmern, die nach der Weiterbildung den Arbeitsplatz wechseln und solchen, die das nicht tun. Dieses Ergebnis scheint auf den ersten Blick ähnlich zu sein wie die sinkende Prämie für die Erstausbildung, die wir im letzten Abschnitt fanden; allerdings ist die zeitliche Abgrenzung eine andere. Zudem untersuchen Schömann und Becker nicht, ob sich der Effekt auf bestimmte Kohorten konzentriert. Das erschwert es, den Befund bestimmten Ursachen zuzuschreiben, beispielsweise der Demographie.

Die Ausbildungsprämien für die Weiterbildung sollten aber nicht nur nach Kohorten, sondern auch nach dem Lebensalter differenziert werden. Bei der Weiterbildung geht es nicht allein um die Frage, wieviel insgesamt betrieben wird, sondern auch, in welchem Lebensalter dies geschieht. Selbst wenn sich der Anreiz zur Weiterbildung mit der demographisch bedingten Knappheit an Arbeitskräften verstärkt, ist noch nichts darüber gesagt, ob die Weiterbildung alle Altersgruppen erfasst oder ob sie sich – was ebenso denkbar ist – auf die (wenigen) Jüngeren konzentriert.

---

18 *K. Schömann, R. Becker*: Selektivität in der beruflichen Weiterbildung und Einkommensverläufe, in: *Pfeiffer, F., W. Pohlmeier* (Hsg.): Qualifikation, Weiterbildung und Arbeitsmarkterfolg, Schriftenreihe des ZEW, 31, Baden-Baden, 1999, S. 279-310.

Hierzu sollte man sich zunächst ansehen, wie sich die Weiterbildung bisher auf Arbeitnehmer verschiedener Altersgruppen verteilt. In ihrer ZEW-Studie haben Pfeiffer und Falk[19] speziell die Weiterbildung der Höherqualifizierten betrachtet. In dem folgenden Schaubild ist der Anteil der Naturwissenschaftler und Ingenieure wiedergegeben, die in unterschiedlichen Altersstufen an Weiterbildungsmaßnahmen teilgenommen hatten. Die Angaben beziehen sich auf die Jahre 1993-95.

Weiterbildung findet danach am häufigsten in der Altersgruppe der 35- bis 45-Jährigen statt. Bei den über 50-Jährigen ist ein starker Abfall der Teilnahme zu beobachten, der sich allerdings bei der betrieblichen Weiterbildung nicht über dieses Alter hinaus fortsetzt. Zu beachten ist, dass Universitätsabsolventen relativ spät ins Berufsleben eintreten. Weiterbildungsmaßnahmen werden deshalb in dieser Erwerbstätigengruppe später als in anderen stattfinden, wenn sie zur „Auffrischung" spezifischen Wissens dienen.

Der Rückgang der Partizipation an beruflicher Weiterbildung bei den Älteren ließe sich zum einen dadurch erklären, dass diese nicht die nötige geistige Flexibilität und Leistungsfähigkeit besitzen, um sich neue Techniken anzueignen und diese in ihrer weiteren beruflichen Praxis auch innovativ anzuwenden. Da es sich hierbei um eine gerontologische oder arbeitsorganisatorische Frage handelt, fällt es uns als Ökonomen schwer, eine Einschätzung abzugeben (siehe den Beitrag von Mohr-Hauke in diesem Band). Es gibt allerdings einige ökonometrische Untersuchungen, die versucht haben, den Erfolg Älterer in Weiterbildungsmaßnahmen zu

---

19 F. Pfeiffer, M. Falk: a.a.O.

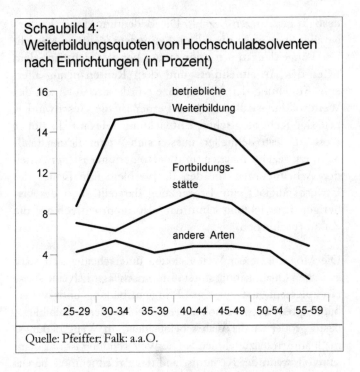

Quelle: Pfeiffer; Falk: a.a.O.

quantifizieren. So findet etwa Scherer[20] auf der Datengrundlage des Sozio-Ökonomischen Panels, dass die betriebliche Weiterbildung positive Effekte auf das Einkommenswachstum nur bei den Altersgruppen bis 50 Jahre gehabt hat.

Die geringere Teilnahme der älteren Arbeitnehmer an Weiterbildungsmaßnahmen liegt aber auch daran, dass die Amortisationsphase des neu aufgebauten Humankapitals bei ihnen kürzer ist als bei jüngeren. Nur eine geringere Zahl von „Investitionsprojekten" in das Humankapital macht sich

---

20 *D. Scherer*: Evalutation beruflicher Weiterbildung, Frankfurt am Main, 1996, S. 206.

deshalb bei Älteren bezahlt. Die Bedeutung dieses Faktors ist allerdings nicht überall und zu jedem Zeitpunkt gleich. Die Länge der Amortisationsphase bemisst sich nach dem Alter des Arbeitnehmers und dem Rentenzugangsalter; eine Anhebung der Altersgrenze würde also auch auf das Weiterbildungskalkül wirken. Ferner ist die Geschwindigkeit der technologischen Entwicklung relevant. Je höher diese ist, desto schneller müssen sich Weiterbildungsmaßnahmen bezahlt machen, und desto geringer ist der Anteil der Arbeitnehmer, für den die verbleibende Dauer der Erwerbstätigkeit eine Begrenzung darstellt. Von der bisherigen Entwicklung kann man also nicht einfach auf die Zukunft schließen.

Die Möglichkeit der Weiterbildung unterscheidet sich stark zwischen Qualifikationsstufen. Empirisch lässt sich eine starke Komplementarität zwischen Primärausbildung und Weiterbildung feststellen: Je höher der Abschluss der Schulbildung, desto größer ist die Wahrscheinlichkeit, an Weiterbildungsmaßnahmen teilzunehmen[21]. Die Weiterbildung ist nur dann sinnvoll, wenn der Kenntnisstand des Arbeitnehmers bereits hoch ist. Die berufliche Weiterbildung kann deshalb kein kurzfristiges Instrument zur Bewältigung des demographischen Wandels sein, sondern wirkt gemeinsam mit der langfristigen Entscheidung über die Erstausbildung.

4 Staatlich finanzierte Bildung und gesellschaftliches Altern

In den vorangegangenen Abschnitten haben wir die Ausbildungsentscheidung immer als eine individuelle Entscheidung der (künftigen) Arbeitnehmer oder der Firmen angesehen

---

21 *F. Pfeiffer; M. Falk*: a.a.O., S. 122.

und versucht, die ökonomischen Bestimmungsgründe für diese Entscheidung zu finden. In der Realität geht jedoch ein erheblicher Teil der Kosten der Humankapitalbildung nicht in das individuelle Investitionskalkül ein. Die schulische und universitäre Bildung wird in Deutschland fast ausschließlich durch den Staat finanziert. Begründen lässt sich das einerseits mit der Unvollkommenheit der Kapitalmärkte: Individuen mit geringem Vermögen können sich nicht in dem Maße verschulden, wie es ihre optimale Investitionsentscheidung verlangen würde. Zudem kann die Ausbildung positive Externalitäten verursachen, die der Einzelne in seinem Ausbildungskalkül vernachlässigt; je größer der Anteil qualifizierter Arbeitnehmer, desto produktiver ist der Einzelne.

Bei staatlich finanzierter Bildung wird über den Umfang der Finanzierung politisch entschieden. Auch an dieser Stelle kann man die ökonomischen Methoden anwenden und fragen, welchen Einfluss die demographische Entwicklung auf die politische Entscheidung hat. Hier müsste man eigentlich eine Reihe von Akteuren mit ihren Interessen in ihrem Zusammenspiel betrachten: neben den Jüngeren, denen die Ausbildung zugute kommt, und den Älteren, die dafür Steuern zahlen, wären beispielsweise auch die Anbieter von Bildungsgütern, also Lehrer, Ausbilder und Professoren, zu berücksichtigen. Wir wollen uns hier jedoch auf die Wähler der verschiedenen Altersgruppen konzentrieren.

Der Einfluss der Altersstruktur auf kollektive Entscheidungen ist bisher vor allem hinsichtlich der Transferzahlungen im Rahmen der sozialen Sicherung erörtert worden. Die Pionierarbeit hierzu wurde von Browning[22] geschrieben.

---

22 E. K. *Browning*: Why the social insurance budget is too large in a democracy, Economic Inquiry, 13, 1975, S. 373-388.

Browning beschäftigt sich mit der politischen Ökonomie eines umlagefinanzierten Rentenversicherungssystems. Jede Generation strebt danach, möglichst hohe Nettotransfers zu erhalten. Da die Wähler im Durchschnitt älter sind als die Bevölkerung insgesamt, besteht immer die Tendenz, dass die Älteren bei den Wahlen eine Ausdehnung der Transferleistungen auf Kosten der Jüngeren durchsetzen können, so dass sie mehr Transfers erhalten, als ihren Beiträgen entspricht. Je mehr Ältere im Vergleich zu Jüngeren vorhanden sind, desto größer ist ihre politische Macht und desto höher sind die Transferleistungen.

Dieser Gedanke lässt sich auf die Bildungsausgaben anwenden. Auch hierbei handelt es sich zumindest teilweise um einen Transfer zwischen Generationen, aber im Vergleich zur Rentenversicherung fließt er in umgekehrter Richtung: Es sind die Jüngeren, die vor allem von öffentlich finanzierter Bildung profitieren. Deshalb, so die Theorie, setzen die Älteren ihr politisches Gewicht für eine Beschränkung der Bildungsausgaben ein. Natürlich muss man hier berücksichtigen, dass die Älteren auch als Mütter und Väter auftreten, die ebenfalls von den Bildungsausgaben profitieren. Aber in einer alternden Gesellschaft vermindert sich der Anteil der Wahlberechtigten mit Kindern in der Ausbildung und somit der Anteil der Wähler, die durch die subventionierte Bildung gewinnen.

Poterba[23] führt eine Reihe empirischer Studien für die Vereinigten Staaten auf, die darauf hindeuten, dass die Zustimmung zu einer Ausdehnung der öffentlichen Bildung umso

---

23 *J.M. Poterba*: Demographic change, intergenerational linkages, and public education, American Economic Review, 88 (Papers and Proceedings), 1998, S. 315-320.

geringer ist, je älter die Wählerschaft ist. Er weist allerdings auch darauf hin, dass es für diesen Prozess Grenzen gibt. Auch die älteren Arbeitnehmer besitzen ein Interesse an staatlichen Bildungsausgaben: Je besser ausgebildet und je produktiver die Jüngeren sind, desto höher sind die Transferzahlungen, die die Älteren während ihres Ruhestands erhalten können. Ältere Arbeitnehmer können auch deshalb an der Bildung der Jüngeren interessiert sein, weil diese ein komplementärer Produktionsfaktor sind und damit die Produktivität und die Löhne der Älteren erhöhen. Und es kommt hinzu: Je kleiner die jüngere Generation ist, desto geringer sind bei gegebenen Ausbildungsaufwendungen pro Kopf die Lasten, die jedes einzelne Mitglied der älteren Generation zu tragen hat[24]. Wie stark diese Gegeneffekte auch sein mögen: Es ist auf alle Fälle zu erwarten, dass die demographische Entwicklung die öffentliche Diskussion über Ausmaß und Organisation des öffentlichen Bildungswesens beeinflussen wird.

5 Schlussfolgerungen

Wird die demographische Entwicklung zu einer so großen Knappheit an Humankapital führen, dass die Zukunft des Wirtschaftsstandortes Deutschland in Gefahr gerät? Wir haben hierfür Gründe und Gegenargumente gefunden. Im Zentrum unserer Überlegungen steht, dass die Produktivität vom Humankapital abhängt und dieses gemäß einer ökonomischen Entscheidung erworben wird. Die demographische Entwicklung ist einer der Faktoren, der in diese Entscheidung ganz erheblich eingreifen kann.

---

24 A. *Kemnitz*: Demographic structure and the political economy of education subsidies, Public Choice 101, 1999, S. 235-249.

Unsere Ergebnisse lassen vermuten,

- dass es sich für schwach besetzte Generationen eher lohnt, eine längere Ausbildungsdauer zu wählen, weil die Ausbildungsprämien höher liegen;
- dass die Reaktion hierauf aber ungewiss und mit Fehlwahrnehmungen behaftet sein kann;
- dass sich die Rentabilität der Weiterbildung künftig ebenfalls erhöhen könnte, dass aber die Möglichkeit, sich weiterzubilden, stark davon abhängt, wie kontinuierlich der Bildungserwerb vonstatten gegangen ist;
- dass schließlich das Ausmaß der öffentlich finanzierten Bildung im Prozess der gesellschaftlichen Alterung eher zurückgehen wird – was aber die Humankapitalbildung insgesamt nicht verringern muss, wenn die Auszubildenden erkennen, dass sie auch höhere Ausbildungsprämien erzielen können.

Die Ergebnisse sprechen dafür, dass es zwar ökonomische Kräfte gibt, die der demographisch bedingten Produktivitätsentwicklung entgegenwirken. In welchem Maße diese aber wirksam werden, können wir auf der Grundlage der bis jetzt zur Verfügung stehenden Daten allenfalls ansatzweise beantworten.

Demographische Entwicklung und mögliche Antworten der betrieblichen Personalentwicklung

Stephanie Mohr-Hauke

„Der Erfolg unseres Unternehmens hängt wesentlich von den Menschen ab, die bei uns tätig sind. Die Bereitschaft unserer Mitarbeiter, ihre Fähigkeiten einzusetzen, wird maßgeblich von dem Verhältnis zu ihren Vorgesetzten bestimmt.
Vorgesetzte und Mitarbeiter müssen eng und vertrauensvoll zusammenarbeiten. Nur gemeinsam können die gestellten Aufgaben gelöst werden. Eine vertrauensvolle Zusammenarbeit der Vorgesetzten mit den Betriebsvertretungen ist selbstverständliches Erfordernis. Vorgesetzte werden ihren Aufgaben nur dann gerecht, wenn sie dieser Verpflichtung entsprechen. Alle Mitarbeiter mit Führungsverantwortung sind deshalb gehalten, Inhalt und Geist dieser Grundsätze über Führung und Zusammenarbeit im Unternehmen zu verwirklichen...".

Aus: AEG-Telefunken,
„Führung und Zusammenarbeit"
im Dezember 1972

So oder so ähnlich beginnen viele Unternehmensleitlinien auch in anderen Firmen Deutschlands. Der Mitarbeiter im Mittelpunkt des unternehmerischen Handelns, das Unternehmen als Familie, das Rückhalt und Wir-Gefühl für jeden Einzelnen sicherstellt.

Mitarbeiter, die im Geiste dieser Worte dem Unternehmen von der Lehrzeit bis zur Rente zu Verfügung stehen, die Firmenkultur prägen und später als Pensionäre vom Unternehmen weiterhin zu regelmäßigen Treffen geladen wurden.

Die Herausforderungen für die Personalentwicklung in einer globalisierten Welt

Neben der Gesellschaft ist auch der Wirtschaft klar geworden, dass sich die Zeiten grundlegend geändert haben.

Neben dem gesellschaftlichen Veränderungsdruck steht die Wirtschaft aber auch unter einem enormen Leistungs- und Konkurrenzdruck. Viele Unternehmen sehen sich gezwungen, Tätigkeiten auszugliedern, Leistungsumfänge ins Ausland zu verlagern und flächendeckend interne Prozesse effizienter zu gestalten. Häufig werden dazu Rationalisierungsprogramme installiert, die, kaum angelaufen, schon wieder ersetzt werden.

Was wurde nicht alles empfohlen und mit Heerscharen von Unternehmensberatern installiert und wieder verworfen (ein kleiner, sicher nicht vollständiger Ausschnitt):

Lean Management:

Es begann mit Lean Production vor allem in der Automobilindustrie. Dabei wurden die Mitarbeiter in der Produktion auch in die Entwicklungs- und Qualitätssicherungsprozesse eingebunden. Das Ziel war, eine kosten- und zeitsparende Produktion zu erreichen. Gründe waren der internationale Konkurrenzdruck und die zunehmende Globalisierung der Märkte. Der Mitarbeiter sollte die Technik mit seiner Intelligenz und Qualifikation einsetzen und die innerbetrieblichen Abläufe flexibel den sich wandelnden Anforderungen anpassen.

Outsourcing:

Verringerung der Wertschöpfungstiefe und Abbau der unterstützenden Funktionen. Die Realisierung von Lean

Management hat häufig in den Unternehmen ein Nachdenken über das Outsourcing von z.B. Personalleistungen zur Folge.

Business Reengineering:

Nach Hammer & Champy, den „Erfindern" dieses Management Tool, geht es im wesentlichen nicht darum, die bestehenden Abläufe zu optimieren, sondern – im Sinne einer Radikalkur – neu zu definieren.

Gegenstand des Business Reengineering sind die Unternehmensprozesse entsprechend den zentralen geschäftlichen Aktivitäten des Unternehmens, die häufig genug durch die bestehenden Organisationsstrukturen zersplittert und behindert sind.

Entscheidend ist hierbei, dass sie aus Kundensicht aufgesetzt werden und sich permanenten Vergleichen mit dem Wettbewerb stellen (Benchmarking).

Organisationsentwicklung:

Die fünf Phasen des Veränderungsprozesses (in Anlehnung an das 3-Phasen Modell von Lewin): auftauen, verändern, festigen, auftauen, verändern...

Change Management – Gestaltung von Veränderungsprozessen:

Die Zahl der Unternehmen, die ihre Marktstellung durch mehr Kundenorientierung und -nutzen verbessern wollen, wächst. Nachdem Business Reengineering und klassisches Qualitätsmanagement meist nicht den erwarteten Durchbruch gebracht haben, kommt jetzt das Change Management. Alle Geschäftsprozesse stehen auf dem Prüfstand und sollen auf den Kunden ausgerichtet werden. Paradoxerweise werden Vertrieb und Außendienst oftmals zuletzt eingebunden.

Lernende Unternehmen/Organisationen:

Das Konzept der „Lernenden Organisation" hat in der Diskussion zur Entwicklung einer zukunfts- und innovationsorientierten Organisation an Bedeutung gewonnen. Ausgelöst durch aktuelle Publikationen von Managementberatern wie Peter M. Senge (M.I.T.), Noel Tichy (Berater von GE), John Kotter (Harvard) oder auch Thomas Sattelberger (Lufthansa) ist die Vision einer wettbewerbsfähigen Organisation entstanden, die sich sowohl durch hohe Effizienz-Menschenorientierung auszeichnet als auch dem Faktor der Humanressourcen einen besonderen Stellenwert beimisst.

Allen beschriebenen Managementansätzen ist gemeinsam, dass sie bei Mitarbeitern und Führungskräften radikales Umdenken und verändertes Handeln voraussetzen. Oft lässt sich der in den Augen des Managements notwendige Wandel einfach nicht verwirklichen. Selbst wenn alle vehement das Beste wollen, trifft man auf unvorhergesehe Blockaden und unterschwelliges Misstrauen. Es finden sich anscheinend Verhaltensbarrieren in den Köpfen der Mitarbeiter, an denen Veränderungsprozesse scheitern.

Diese Barrieren sind keinesfalls nur bei älteren Mitarbeitern anzutreffen, sie finden sich bei jungen Mitarbeitern genauso wieder. Die gemeinsam empfundene Angst vor Veränderungen, Verlust des Status quo und der geknüpften Netzwerke oder radikale Veränderung der Unternehmenskultur, eint die Generationen.

Hinzu kommen die Veränderungen, die eine globalisierte Wirtschaft mit sich bringt:

- Der rasante technologische Wandel verhindert ein Bunkern von Wissen und die damit einhergehenden Vorteile, die ein Mitarbeiter früher damit verband.
- Fusionen und Teilfusionen verändern die Unternehmenskultur.
- Althergebrachte, hierarchische Strukturen und Kompetenzen sind nicht mehr erfolgversprechend. Die Kompetenzen haben sich von autoritären Weisungen zu teamorientierter/projektorientierter Arbeitsweise verschoben.
- Der Wettbewerb erfordert einen hohen Grad an Geschwindigkeit („80/20 Lösungen") bei innovativen Entwicklungen und verlangt einen hohen Grad von Flexibilität (persönlich wie regional) jedes einzelnen Mitarbeiters.
- Arbeitsplätze werden ausgegliedert (Telearbeit) und ganze Unternehmensbereiche outgesourct. Die Unternehmen focussieren sich zunehmend auf ihre Kernkompetenzen.

Angesicht dieser Entwicklungen steht die Personalentwicklung vor Herausforderungen, denen sie nur bedingt gewachsen scheint. Die Personalmanager haben in vielen Fällen noch Strukturen vor Augen, die hier das Management und dort den zu entwickelnden Mitarbeiter sehen.

Die Weiterbildung hat sich so nur auf die Vermittlung von fachlichem Wissen und dem gewünschten Führungsverhalten beschränkt, der Mitarbeiter als Persönlichkeit war weniger gefragt.

Die Herausforderungen von heute müssen aber mit einem Umdenkungsprozess auf allen Ebenen, einschließlich des meist älteren Managements, bewältigt werden.

Die Personalentwicklung kann heute nicht mehr mit groß angelegten Konzepten die Prozesse begleiten, sondern muss zunehmend handliche Angebote für immer wieder neue Gegebenheiten schaffen. Der Verfall des gerade erworbenen Fachwissens geschieht immer rasanter und Qualifizierung muss ebenso schnell auf veränderte Anforderungen reagieren. Damit müssen auch die Umsetzungsmaßnahmen punktueller auf die jeweiligen Anforderungen angepasst werden.

An die Herausforderungen, die eine ältere Belegschaft mit sich bringt, denken heute erst wenige Unternehmen. Ältere Belegschaften ab 50 Jahre (manche sehen diese Grenze bereits bei 45-Jährigen) werden primär nur als hoher Kostenfaktor gesehen, der bei Freisetzung dieser Zielgruppe am schnellsten die gewünschte Reduzierung der Arbeitskosten mit sich bringt.

1 Sind Freisetzungen, egal in welcher Form, wirklich effektiv, wenn man die mittelfristigen Folgen für das Unternehmen betrachtet?

Der Personalvorstand eines großen Telekommunikationsunternehmens beschrieb diese Anforderungen in einem Interview der Frankfurter Rundschau zu den Frankfurter Technikvorlesungen 1998 wie folgt:

„Wichtig sind für uns die Menschen. Sie müssen neugierig sein – das sage ich ganz bewusst an dieser Stelle, – hochmotiviert und motivierbar, dynamisch und teamfähig. Aber auch resistent oder besser frustrationstolerant. Denn wer erfolgreich arbeiten will, muss auch mit Niederlagen souverän umgehen können. Seine hohe Motivation darf der Mitarbeiter oder die Mitarbeiterin durch Rückschläge nicht verlieren..."

Diese Anforderungen werden oft im Begriff „Soziale Kompetenz" zusammengefasst. Doch sind dies Anforderungen, die nur von jungen Mitarbeitern erfüllt werden? Sicherlich nicht! Gerade ältere Mitarbeiter können aufgrund ihrer Erfahrungen aus einem langen Erwerbsleben Toleranz und Geduld aufbringen, die in turbulenten Zeiten so wertvoll sind. Eine ausgewogene Mischung von Jung und Alt in den Unternehmen sorgt für eine Kultur, die das Lernen voneinander zulässt.

Wenn Unternehmen also freiwillig auf diese wertvollen Erfahrungen und Chancen verzichten, so bezahlen sie darüber hinaus mit einem steigenden Motivationsverlust der verbleibenden Mitarbeiter. Denn das Signal ist deutlich: Wir brauchen keine älteren Mitarbeiter, wir können auf deren Erfahrungen und Kompetenzen verzichten. Für die heute 40-Jährigen endet damit die Wertschätzung seines Unternehmens in fünf, spätestens in zehn Jahren.

2 Brauchen wir eine Personalentwicklung für ältere Mitarbeiter?

Die fachliche Ausbildung ist in der Regel die erste Personalentwicklungsmaßnahme. Der Mitarbeiter wird in die Lage versetzt, die ihm übertragenen Aufgaben zu bewältigen. Zusätzlich werden Einführungswochen angeboten, die dem neuen Mitarbeiter Grundkenntnisse über Prozesse und Abläufe im Unternehmen vermitteln. Außerdem werden Traineeprogramme installiert, die dem Mitarbeiter betriebsspezifisches Wissen vermitteln.

Danach folgen fachspezifische Seminare. Wenn der Mitarbeiter feststellt, dass ihm bei der Übernahme von Projekten spezifisches Know-how fehlt, werden Projektmanagement- oder Präsentationsseminare angeboten.

Nach einiger Zeit möchte er sich in eine Führungspositionen entwickeln. Hier bieten viele Unternehmen spezielle Führungsseminar-Zyklen an, um dem Mitarbeiter die Führungskultur des Unternehmens näherzubringen. Hat aber der Mitarbeiter diese Seminare komplett absolviert, bleiben ihm nicht mehr viele Entwicklungsangebote. Einige Unternehmen bieten Coachings oder Beraterunterstützung an, aber weitere Trainingsmöglichkeiten hängen von der individuellen Initiative des Betroffenen ab.

Ist der Mitarbeiter von seinem Tätigkeitsfeld zunehmend „eingemauert", so bleiben ihm nur Kollegen oder ein älterer Freund, die ihm mit Rat und Tat aus einem langem Berufsleben zur Seite stehen.

Leider werden Mitarbeiter, die eine bestimmte Führungshierarchie oder ein bestimmtes Alter erreicht haben, nicht mehr trainiert. Man setzt voraus, dass die einmal erworbenen Kompetenzen für die weitere Karriere im Unternehmen ausreichen. Dies widerspricht eklatant der Erkenntnis, dass der permanente Wandel auch Kompetenzen erfordert, die ein Mitarbeiter, egal wie alt und erfahren er ist, erst erlernen muss. Das führt zwangsläufig dazu, dass Mitarbeiter irgendwann den Anschluss verlieren und bestätigt somit diejenige, die älteren Mitarbeitern Unflexibilität und strukturelle Unbeweglichkeit vorwerfen.

Sicherlich gibt es auch Mitarbeiter, die nach einem langen Berufsleben den Elan und die Kreativität verloren haben, innovativ und neugierig Impulse für das Unternehmen zu setzen.

Doch zielgruppenspezifische Personalentwicklung würde die Grundlagen schaffen, individuell zwischen gewünschtem frühen Ruhestand, Teilzeit- oder Vollzeitjobs zu unterscheiden.

Ein Personalentwicklungskonzept muss die Generationen übergreifend einbeziehen und sollte nicht prinzipiell zwischen Maßnahmen für junge und alte Mitarbeitern unterscheiden. Gerade ältere Mitarbeiter sind oft gute Moderatoren oder Schlichter in Konfliktfällen und können so in Teams oder Projekten eine wichtige soziale und integrative Rolle einnehmen.

3 Welche Kompetenzen finden sich in heutigen Unternehmen?

Es ist abzusehen, dass das Wissen von Mitarbeitern, sofern sie in technischen Berufen arbeiten, in immer kürzeren Zyklen veraltet. Veränderungskompetenz hat diese Generation aber erworben. Sie hat gelernt, dass man mit Veränderungen Schritt halten und sich auch selbst verändern muss. In zunehmenden Maß werden diese Wahrheiten auch für kaufmännische Berufe gelten.

Neben der bereits erwähnten sozialen Kompetenz gibt es noch die Fachkompetenz und die Methodenkompetenz. Diese Begriffe sind zu Unrecht in den Hintergrund gerückt. Wir brauchen eine gesunde Mischung dieser Kompetenzen, um dem eigentlichen Ziel des „unternehmerischen Handelns" näher zu kommen:

- Die Fachkompetenz bringt dem Unternehmen die benötigte Innovationskraft.
- Die Methodenkompetenz versetzt den Mitarbeiter in die Lage, Prozesse und Strukturen zu erkennen und entsprechend umzusetzen.
- Die soziale Kompetenz schließlich vermittelt dem Mitarbeiter Techniken, mit den Veränderungen Schritt zu halten und entsprechende Maßnahmen für sich, für seine Kollegen und sein Umfeld zu ergreifen.

Diese Kompetenzen, werden sie gefördert, führen zu einer Veränderungskompetenz, die sich generationsübergreifend ausbauen und entwickeln lässt.

Qualifizierungsprogramme für ältere und jüngere Mitarbeiter

Die Frage ist nun, unterscheiden sich Qualifizierungsmaßnahmen für jüngere Mitarbeiter von denen der älteren Mitarbeiter und muss die Personalentwicklung hier unterschiedliche Programme anbieten?

Wenn ein Unternehmen die Verantwortung für seine Mitarbeiter ernst nimmt und auch die Bedeutung und Aufgaben der „Mitarbeiter über 40 Jahren" erkennt, sollte es Maßnahmen ergreifen, die die älteren Mitarbeiter keinesfalls ausgrenzt.

Das Wichtigste hierbei ist die Bereitschaft der Unternehmensführung, in die älteren Belegschaften zu investieren und dies auch zu kommunizieren. Ist dieses Bekenntnis überzeugend, dann wird es auch von den Mitarbeitern akzeptiert und es werden auch Maßnahmen angenommen, die kurzfristige Nachteile für die eigene Situation zur Folge haben können.

Wie können ältere Mitarbeiter in den Unternehmensablauf integriert werden, die nicht mehr ihre ursprüngliche Aufgabe wahrnehmen können?

Viele Unternehmen kaufen Berater und Moderatoren projektspezifisch und teuer ein, aber nachdem die Projekte abgeschlossen sind, steht das Unternehmen ohne einen Bodensatz an ausgebildeten Multiplikatoren da. Die mangelnde Akzeptanz der Belegschaft ist mit ein Grund dafür, warum so viele Veränderungsprojekte ins Leere laufen.

Ältere Mitarbeiter, deren Karriereabsichten begrenzt sind, bieten sich als Kenner der firmeninternen Abläufe und Probleme geradezu als Moderatoren und Konfliktbewältiger an.

Sie müssen allerdings in vielen Fällen erst zu Moderatoren, Trainern, Projektleitern oder Prozessbegleitern ausgebildet werden. Danach können Veränderungsprozesse mit Hilfe dieses internen Mitarbeiterpools leichter umgesetzt werden. Die Akzeptanz bei der Belegschaft gegenüber internen Moderatoren ist weitaus höher als bei externen Beratern.

Wie entwickeln sich Unternehmen heute und welche Kompetenzen werden von einem Mitarbeiter mittelfristig erwartet?

Unternehmen in der Zukunft werden sich von den hierarchischen Strukturen verabschieden müssen. Definierte Abteilungs- und Bereichsgrenzen behindern eine betriebsinterne übergreifende Kommunikation. Um auch weltweit erfolgreich agieren zu können, müssen kleine, schlagkräftige Teams oder Projektgruppen flexibel zusammengestellt und wieder aufgelöst werden können.

Das Internet macht uns vor, wie in Chat Rooms oder virtuellen Konferenzen Kommunikation stattfinden kann. Der Mitarbeiter selbst kann z.B. seine Kompetenzen im Internet zur Verfügung stellen und wird heute schon durch Personalberatungen online vermittelt.

Können diese Herausforderungen nur junge Mitarbeiter erfüllen? Ältere Mitarbeiter, die Erfahrungen in vielen Unternehmen gesammelt haben, sind sich der Regeln über die informellen „Gesetze" eines Unternehmens bewusst, wissen, wie und wo Informationen zu erhalten sind und verfügen über Marktkenntnisse und Kontakte, die das Internet bisher noch nicht bietet.

Wenn ein Unternehmen die Herausforderungen der Zukunft erfolgreich bewältigen will, braucht es Mitarbeiter, die motiviert in einer von Umbrüchen geprägten Umgebung arbeiten können. Die Mitarbeiter brauchen Entscheidungsspielräume, die Führungskräfte arbeiten als Berater und Unterstützer für ihre Mitarbeiter.

Ältere Mitarbeiter spielen eine wichtige Rolle in diesem Prozess. Sie können aufgrund ihres reichen Erfahrungsschatzes und der gereiften Persönlichkeit wertvolle Inputs geben, die gerade bei der Entwicklung neuer Projekte oder Produkte hilfreich sind, auf jeden Fall aber in der Realisierungsphase unterstützend und absichernd wirken.

4 Die neuen Alten

Das neue Jahrhundert wird oft als „Wissensjahrhundert" bezeichnet. Der Mitarbeiter braucht nicht mehr die Muskelkraft, um erfolgreich zu sein. Es werden Fähigkeiten und Fertigkeiten erwartet, die den Menschen in seiner gesamten Persönlichkeit zur Initiative auffordern.

Sie haben in den ersten 20 Jahren ihrer Berufstätigkeit mindestens in 5-6 unterschiedlichen Firmen Erfahrungen gesammelt. Sie sind in der Regel flexibel und erfahren im Umgang mit Veränderungsprozessen. Die heutigen 40-Jährigen werden diejenigen sein, die im Jahre 2010 die ältere Belegschaft darstellen.

Die Persönlichkeit des Faktors Mensch im Unternehmen und lebenslanges Lernen

Lernfähigkeit ist keine angeborene, gleichbleibende Größe, sondern ist abhängig von der Motivation und dem ständigen Training. Wissen geht verloren und wird vergessen, wenn es nicht immer wieder in das Gedächtnis gerufen und wiederholt wird. Gibt man einem Mitarbeiter die Möglichkeit, sich stetig weiterzubilden, schließt man ihn nicht aus der Konkurrenz mit Jüngeren aus. Und: weckt man in ihm die Freude an der Leistung, dann ist dem Vorurteil, Ältere wollen sich nicht weiterentwickeln, der Boden entzogen.

Viele Menschen kennen ihre schwachen Seiten, wollen diese aber nach außen nicht zugeben und verschließen die Augen vor der Realität. Der Umgang mit den eigenen Schwächen muss erlernt werden. Dazu gehört eine Unternehmenskultur, die Schwächen zulässt und Erfahrungen einbezieht (Vertrauenskultur). Erst dann kann das Vertrauen entstehen, das einem Mitarbeiter ermöglicht, an seinen Kompetenzen zu arbeiten.

Von den Führungskräften wird verlangt, dass sie in einer solchen Situation die Unternehmensziele akzeptieren und danach handeln. Ist ein Unternehmen danach ausgerichtet, dass ausschließlich die Unternehmensgewinne und die Hard Facts als Bemessungsgrundlage dienen, dann hat ein Mitarbeiter, der einen Fehler gemacht hat und gleichzeitig in seiner Persönlichkeit gefördert werden will, keine Chance.

Ohne ein gemeinsames Verständnis der Stärken und Schwächen eines Mitarbeiters ist aber eine integrative Laufbahnplanung nicht möglich.

Das soll keineswegs bedeuten, dass Fehler „unter den Teppich gekehrt" werden. Worauf es ankommt, ist der positive Umgang mit Fehlern – die Auflistung von Gründen für fehlerhafte Abläufe trägt wesentlich mehr zur künftigen Fehlervermeidung bei als die Suche nach dem „Schuldigen", die letztendlich nur zur Entwicklung von „Vertuschungsstrategien" führt.

Um die Generationen in einem generationsübergreifenden Aus- und Weiterbildungskonzept ein Berufsleben lang zu fördern, muss es Veränderungen in den Anreizsystemen geben. Es reicht nicht, ausschließlich auf monetäre Anreize zu setzen, sei es die Gehaltserhöhung, vermögenswirksame Leistungen oder vom Arbeitgeber geförderte Zusatzrenten.

Die Mitarbeiter haben erkannt, dass ihre Zukunft im Ausbau ihrer persönlichen Kompetenzen liegt. Das reine Fachwissen (s.o.) reicht bei weitem nicht mehr aus, um die Anforderungen der Zukunft zu bewältigen. Dennoch werden in vielen Unternehmen noch immer Mitarbeiter mit dem größten Fachwissen für weiterführende Positionen vorgeschlagen. Nach deren sozialen Kompetenzen, die für Führungsaufgaben unerlässlich sind, fragt dagegen kaum einer.

Sind heutige Bemessungssysteme flexibel genug, um den Wert einer Qualifikationsmaßnahme für das Unternehmen greifbar zu machen?

Die Bemessungssysteme, Potenzialanalysen etc. folgen althergebrachten Mustern. Klassische Bewertungssysteme sind z.B.:

- Qualifikation (Ausbildung, Erfahrung)
- Problemlösungskompetenz
- Soziale Kompetenz
- Managementkompetenz und -breite

Diesen Begriffen wird eine entsprechende Skalierung von 1-5 (1 wenig vorhanden, 5 ausgeprägt) zugeordnet. Konsequenterweise wird diesem System auch das entsprechende Gehaltsmuster unterlegt, so dass man ein statisches Instrument zu Kompetenzmessung erhält. Für die Herausforderungen der Zukunft (s.o.) ist diese Form der Kompetenzmessung ausgesprochen unflexibel. Die Kompetenzen der Mitarbeiter müssen sich in Zukunft permanent wandeln und auf neue Gegebenheiten anpassen. Starre Bemessungssysteme sind hierbei wenig hilfreich.

5 Das Unternehmen in Krisenzeiten

Die Vertrauenskultur funktioniert, solange ein Unternehmen im Aufwärtstrend ist. In kritischen Zeiten, bei rückläufigen Gewinnen und Umsätzen neigt das Management zu strengerer Kontrolle und härterem Durchgreifen, um Abweichungen bei Abläufen, die sonst delegiert sind, vermeintlich sofort korrigieren zu können.

Die Folge ist, dass das Management mit operativen Aufgaben überlastet ist. In diesen Zeiten setzt das Unternehmen umso mehr auf die Innovationskraft der jungen Generation und verliert durch Rationalisierungsmaßnahmen die älteren und erfahrenen Mitarbeiter, sowie situationsbedingt den Leistungswillen der verbleibenden (älteren) Mitarbeiter.

Häufig mussten Unternehmen feststellen, dass sich dieser Verlust nach wenigen Monaten schmerzhaft bemerkbar machte und man versuchte händeringend, diesen Verlust mit neuen Mitarbeitern auszugleichen. Gleichwertiger Ersatz konnte allerdings nicht gefunden werden, da sich in aller Regel die Gesamtkompetenz der verlorenen Mitarbeiter nicht durch junge Mitarbeiter ersetzen ließ.

6 Gefordert sein – gefördert werden

Es herrscht eine enorme Diskrepanz zwischen dem Ausmaß der Verantwortung, die Mitarbeiter außerhalb ihres Berufes übernehmen, und der Verantwortung, die sie in ihrem Job anvertraut bekommen. Betrachtet man ein Beispiel der Freizeitbeschäftigung, im Hinblick auf die hier erforderlichen Fähigkeiten und Fertigkeiten, wird diese Diskrepanz deutlich:

Die Tätigkeit eines Mitarbeiters, der privat ein Haus baut, entspricht der eines Logistikers, der eines Fertigungstechnikers und der eines Controllers. Hinzu kommt der Führungsaspekt: er muss jederzeit das gesamte Projekt im Auge behalten, die Tätigkeiten der Handwerker koordinieren und alle auftretenden Probleme bewältigen.

Dieser Mitarbeiter erfüllt diese Aufgaben ohne Anleitung und weitere Unterstützung. Dieser Mitarbeiter ist in der Regel zwischen 30 und 40 Jahre alt, weil er finanziell erst jetzt in die Lage versetzt ist, dieses Projekt privat zu realisieren.

Dem gleichen Mitarbeiter wird im schlechtesten Fall Jahr um Jahr in seinem Beruf weder Verantwortung noch Eigeninitiative abverlangt. Solange die Mitarbeiter im Unternehmen keine Tätigkeit ausüben können, die ihrer Intelligenz und ihrer Leistungsfähigkeit angemessen ist, solange wir ihnen nicht die gleiche Verantwortung zugestehen, die sie außerhalb ihres Berufes gerne und freiwillig übernehmen, unterfordern wir sie. Unterforderung aber führt zu Langeweile, Demotivation, Desinteresse und letztendlich zur „inneren Kündigung".

Gefordert sein und gefördert werden hingegen bedeuten die Bewältigung anspruchsvoller, interessanter Aufgaben, Eigeninitiative und Erfolgserlebnisse durch das Erreichen definierter Unternehmensziele. Produktivität, Innovation, Kosten- und Qualitätsbewußtsein sind dann nicht anonyme Ziele der Firma, sondern werden zur ureigenen Angelegenheit jedes einzelnen Mitarbeiters.

Wie aber erkennt man als Personalentwickler, welcher Mitarbeiter wie unterstützt werden muss? Nicht jeder verfügt über die Kompetenz, Führungskraft zu werden und auch nicht jeder, der es könnte, möchte diese Funktion ausüben. Wichtig erscheint hier, dem Mitarbeitern Angebote zu machen, die seiner Qualifikation und seiner Persönlichkeit entsprechen.

Jede Person hat ihre eigenen Charakteristika:

- Der Fachspezialist möchte das persönliche Wissen ausbauen und verfestigen, aber auch immer auf dem neusten Stand der Entwicklung sein.
- Die Führungspersönlichkeit möchte hierarchisch aufsteigen.
- Der Generalist will seine Kenntnisse über die Prozesse und Abläufe im Unternehmen ausbauen und einsetzen.

Ein Fachspezialist kann seine persönliche und soziale Kompetenz ausbauen, indem er sein Wissen als in- oder externer Fachtrainer anwendet.

Die Führungspersönlichkeit kann weiter aufsteigen oder das erworbene Wissen in Seminaren oder Workshops der nachfolgenden Generation zur Verfügung stellen. Er kann ebenso als Mentor und Förderer dem Unternehmen zusätzliches Know-how zur Verfügung stellen.

Der Generalist ist übergreifend einsetzbar und mit den Strukturen des Unternehmens bestens vertraut. Er kann als

Trainer, Moderator oder als interner Berater auftreten und sichert dem Unternehmen vielfältiges Know-how.

Diese unterschiedlichen Mitarbeitertypen kommen nicht nur in einer bestimmten Altersgruppe vor, sondern bestehen in der ganzen Alterspalette eines Berufsleben vor allem dann, wenn das Management diese Entwicklung unterstützt. Die Herausforderung für die Unternehmen heißt nicht nur, den richtigen Mitarbeiter für eine fachliche Aufgabe zu finden, sondern die persönlichen Fähigkeiten und Fertigkeiten eines jeden Mitarbeiters zu fördern.

Wie kann ein Unternehmen Know-how halten?

Generell gehe ich davon aus, dass ein motivierter Mitarbeiter bis in das hohe Alter hinein sein Wissen und seine Erfahrung erfolgreich einsetzen möchte. Die Zusammenhänge, in denen er dies tut, sind unterschiedlich. Viele Mitarbeiter im Alter zwischen 30 und 40 Jahren machen sich selbständig, weil sie den informellen und formellen Zwängen eines Unternehmens entfliehen wollen oder nicht mehr gewachsen sind. Oder sie wechseln in ein anderes Unternehmen in der Hoffnung, dass dort ihre Wünsche und Erwartungen besser erfüllt werden. Dies kann zur Folge haben, dass der abgewanderte Mitarbeiter ganze Abteilungen nachzieht.

Dabei ist der zuvor beschriebene Mitarbeiter oft ausgesprochen kreativ und flexibel und wäre ein Gewinn für jedes Unternehmen. Er ist allerdings auch nicht einfach zu führen und stellt Ansprüche an seine Arbeitsumgebung. Diese Ansprüche sind eigentlich ziemlich einfach zusammenzufassen:

– Sie wollen anerkannt und wertgeschätzt sein.
– Ihre Arbeit muss im Unternehmen etwas bewirken.

- Sie müssen sich persönlich und fachlich entwickeln können.
- Das Arbeitsklima muss gut sein.
- Die Perspektive muss stimmen.

Können diese Anforderungen in unserer globalisierten, von Fusionen und Rationalisierungsvorhaben geprägten Wirtschaftswelt wirklich nicht erfüllt werden?

Ich plädiere an dieser Stelle für eine Unternehmensstrategie, die das Humankapital in seiner ganzen Breite als strategische Komponente berücksichtigt: Bei der Unternehmensbewertung wie bei der Wettbewerbs- und Innovationsbetrachtung.

Was heißt das?

In der Regel werden die Veränderungen in einem Unternehmen heute mit Entlassungen begleitet. Entlassungen, die meist die älteren Belegschaften betreffen. Hier werden im klassischen Sinne (siehe die Managementmodelle weiter oben) immer die Funktionen, nicht die Kompetenzen des Mitarbeiters betrachtet, der diese Funktion inne hat.

Es wird der Unternehmensberater gerufen, wenn das Unternehmen Personal abbauen will.

Es ist aber sehr oft der Fall, dass sich ein Mitarbeiter Kompetenzen erworben hat, die über sein momentanes Einsatzfeld hinausgehen. Er kann Zusatzqualifikationen erworben haben, weil er auf Veränderungen im Unternehmen vorbereitet sein will. Er kann aber auch Interesse an einer anderen Aufgabe haben, über die er sich ausführlich informiert hat. Diese Kompetenzen werden bei einer rein funktionalen Betrachtung der Aufgaben des Mitarbeiters übersehen.

Das Management sieht bei der Entscheidung für einen Personalabbau ausschließlich die aktuelle Situation der Kosteneinsparung, nicht aber die des Know-how-Verlustes. Meistens trifft es zuerst die vermeintlich teureren und unflexiblen älteren Mitarbeiter.

Personalabbau lässt sich in vielen unternehmerischen Situationen nicht verhindern, aber ist es nicht vorstellbar, mit Hilfe einer vorausschauenden Personalentwicklung frühzeitiger und flexibler Anpassungsprozesse und Mitarbeiterbewegungen möglich zu machen?

Für die Unternehmensberater würde dies eine Umorientierung bedeuten. Nicht mehr der heutige Wunsch des Unternehmens nach primärer Reduzierung der Personalkosten stünde im Mittelpunkt einer unternehmerischen Betrachtung, sondern die Einschätzung der Qualifikationsressourcen des Unternehmens wären entscheidend.

Ein Unternehmen, das sich seiner älteren Belegschaften entledigt, entledigt sich auch eines Teils seiner Kompetenzen und wird damit schwächer als nötig in Zeiten stärkeren Wettbewerbs.

Wie aber können Qualifikationen als sogenannte „weiche" Faktoren gemessen und für ein Unternehmen nutzbringend umgesetzt werden?

Eine Studie des Bundesinstitutes für Berufsbildung und des Institutes für Entwicklungsplanung und Strukturforschung der Universität Hannover ergab, dass 80% der Großbetriebe mit mehr als 500 Beschäftigten dem Bildungscontrolling einen hohen Stellenwert einräumen. Durch die Einführung eines Bildungscontrolling hoffen die Unternehmen, eine effiziente

Weiterbildung ihrer Mitarbeiter gewährleisten zu können. Die Umfrage ergab, dass die Unternehmen vier Ziele mit einem gezielten Bildungscontrolling verwirklichen wollen:

- den Nutzen der Weiterbildung erfassen und bewerten zu können,
- die Weiterbildung in die Unternehmensplanung zu integrieren,
- die Weiterbildungsarbeit transparenter werden zu lassen, und
- die Bildungsprozesse stärker planen zu können.

Mit den geeigneten Verfahren könnten die Unternehmen und nicht zuletzt auch die Personalentwicklung unternehmensspezifische Ausbildungsprogramme schaffen, die generationsübergreifend und kostenbewusst eingesetzt werden.

Zukunftorientiertes Human Ressources Management

Unternehmen sollten definieren, welche Qualifikationen in der Zukunft benötigt werden, um erfolgreich zu sein. Mit diesen Vorgaben wäre die Personalentwicklung in der Lage, zukunftsorientiert zu planen und zu handeln. Unter diesen Voraussetzungen können Modelle und Konzepte generationsübergreifend entwickelt und umgesetzt werden.

Bereichsübergreifende Beschäftigungsmodelle wären ebenso möglich wie Projekt- und teamorientierte Zusammenarbeit. Hier gibt es viele Einsatzfelder für Mitarbeiter, die zum Beispiel nur halbtags oder projektbezogen arbeiten wollen. Die verschiedensten Modelle sind denkbar, um kreative und mitarbeiterorientierte Arbeitsangebote zu schaffen. Für ältere Mitarbeiter wären Berater- und Coaching-Modelle möglich, Teilzeitarbeit oder auch die Übernahme projektbezogener Beratungsaufgaben.

7 Alterssicherung als Klammer für Beschäftigte wie Anteilseigner

Dies alles muss aber auch finanzierbar bleiben. Die aktuelle Diskussion um die Altersvorsorge ist Ausdruck der Erkenntnis, dass unser derzeitiges Rentensystem nicht mehr finanzierbar ist. Ältere Mitarbeiter werden in dieser Diskussion nur als zusätzlicher Kostenfaktor gesehen, ob sie nun erwerbstätig sind oder in Rente gehen. Dabei ist doch einsichtig, dass der Nicht-Abbau von bestehenden Arbeitsplätzen sowie die Schaffung von neuen Arbeitsplätzen die einzige Lösung ist.

Wichtig erscheint mir, dass in allen Diskussionen nicht vergessen wird, dass es sich hier um denkende Individuen handelt, die ein vorstellbares und realisierbares Konzept für ihre Altersvorsorge von der Gesellschaft wie auch der Wirtschaft verlangen.

Ein modernes Unternehmen, das Rentensicherungssysteme aber auch Teilzeitarbeit oder andere Formen der Erwerbsarbeit für seine Mitarbeiter einführen will, muss darauf achten, dass die Maßnahmen entsprechend kommuniziert werden. In der Schweiz wurden die Mitarbeiter in einigen Unternehmen befragt, welche Modelle sie bevorzugen würden. Nachdem die mehrheitlich gewünschten Modelle eingeführt wurden, stieg die Mitarbeitermotivation erheblich, was u.a. mit Messungen der Fehlzeiten vor und nach der Einführung nachgewiesen werden konnte.

Egal welches System oder welche Kombination von verschiedenen Systemen ein Unternehmen einführt, die Rolle des Personalmanagements ändert sich grundlegend. Der Personalmanager wird zu einem Berater in allen (betrieblichen) Fragen, ob es Fragen zur Alterssicherung oder die persönliche Beratung des einzelnen Mitarbeiters zur Qualifikation und Weiterbildung zu klären gibt.

Das Personalmanagement der Zukunft muss motivieren können und braucht ein hohes Maß an Fachwissen und sozialer Kompetenz.

8 Schlussbemerkung

„Man sollte den Kurs eines Schiffes nach den Lichtern der Sterne und nicht nach denen der vorbeifahrenden Schiffe bestimmen"
                                           Antoine de Saint-Exupéry

Zu lange sind die Unternehmen auf immer wieder neue Managementkonzepte gesprungen, die die vermeintlichen wirtschaftlichen Erfolge bringen sollten. Die Erfolge stellten sich aber nicht oder nicht in ausreichendem Maße ein.

Immer wieder stelle ich fest, dass Umstrukturierungsmaßnahmen erfolgreicher waren, wenn die Projektlenkung generationsübergeifend besetzt wurde. Die älteren Mitarbeiter wussten von Zusammenhängen in Arbeitsabläufen, die ausgesprochen wichtig in der Umsetzungsphase der Umstrukturierung waren. Außerdem hatten die älteren Mitarbeiter als Multiplikatoren eine hohe Akzeptanz bei der Eliminierung von Widerständen in einzelnen Abteilungen. Die Betonung auf das junge, dynamische und motivierte Unternehmen hat zur Folge, dass sich ganze Generationen in ihrer Arbeit abgewertet fühlen. Die Folge ist eine schleichende Demotivation, die dem Unternehmen in seiner Gesamtheit erheblichen wirtschaftlichen Schaden zufügt.

Ich habe nie verstanden, warum ältere Mitarbeiter mit ihren Erfahrungen nicht in neue Aufgaben eingebunden werden, damit sie ihr Know-how einbringen und auch neue Herausforderungen erleben können. Mitarbeiter, die nicht gefordert und motiviert werden, verkümmern in ihrer aktuellen Situation, werden unbeweglich und unwirtschaftlich für ihren Aufgabenbereich.

Die Veränderungen, die zu einem Umdenken führen sollten, finden langsam in der Gesellschaft Gehör. In einigen Jahren wird es ein Übergewicht an älteren Menschen in der Gesellschaft geben. Wie geht die Wirtschaft zukünftig mit diesen Anforderungen um?

Warum beginnt man nicht bereits heute, einige der hier beschriebenen Ansätze auszutesten?

Die Wirtschaft, die Forschung, die Politik und die Gewerkschaften sind aufgerufen, ein anderes Bündnis der Arbeit zu schmieden, das den Menschen, egal ob alt oder jung, in den Mittelpunkt ihrer Strategien stellt. In der augenblicklichen Debatte halten die Handelnden an ihren Gruppeninteressen fest, ohne neue Wege zu gehen. Sicher ist, dass diese Haltung nicht zum Erfolg führen kann.

Da die Politik diese Herausforderungen schon lange nicht mehr bewältigen kann, muss in einer gemeinsamen Kraftanstrengung nach Lösungen gesucht werden. Allen gesellschaftlichen Gruppen, aber besonders der Wirtschaft, wächst hier eine soziale und ethische Verantwortung zu. Vielleicht entwickelt sich daraus eine Neuauflage der „Sozialen Marktwirtschaft"?

Gesellschaftliche Alterung in der Wahrnehmung der Politik – Zur Debatte um die Reform der Alterssicherungssysteme

Andreas Storm

1 Die demographische Herausforderung

Übereinstimmend sagen alle seriösen Bevölkerungsvorausschätzungen für Deutschland nach dem Jahr 2010 einen Rückgang der Bevölkerungszahl und eine spürbare Erhöhung des Anteils älterer und hochbetagter Menschen voraus. Dieser Prozess stellt für die Alterssicherungssysteme in unserem Land eine große Herausforderung dar. So wird sich als Folge der seit Beginn der 70er Jahre anhaltend niedrigen Geburtenrate im Zeitraum zwischen 2015 und 2035, wenn die Angehörigen der geburtenstarken Nachkriegsjahrgänge in den Ruhestand gehen, das Verhältnis von Rentnern zu Beitragszahlern annähernd verdoppeln. Hinzu kommt, dass durch die stetig steigende Lebenserwartung die Versicherten der gesetzlichen Rentenversicherung länger Rente beziehen. Wer im Jahr 2000 in Rente geht, lebt im Schnitt zwei Jahre länger als derjenige, der seit 1980 Altersrente bezieht. Allein dadurch erhöhten sich die Ausgaben der Rentenversicherung der Arbeiter und Angestellten in diesem Zeitraum um gut 40 Mrd. DM.

Kann vor dem Hintergrund der sich abzeichnenden demographischen Entwicklung das deutsche System der beitrags- und leistungsbezogenen Rente noch als geeignetes Modell für das 21. Jahrhundert betrachtet werden? Unter welchen Bedingungen ist es möglich, den verhängnisvollen Kreislauf aus steigenden Sozialbeiträgen, wegfallenden Arbeitsplätzen und in der Folge erneut steigender Beitragsbelastung zu durchbrechen?

2 Ausgangspunkt: Die Reformen der Ära Blüm

Bereits in der zweiten Hälfte der 80er Jahre hatten Modellrechnungen aufgezeigt, dass auf der Basis des damals geltenden Rentenrechts ein Beitragssatzanstieg auf mindestens 36% des Bruttolohns nach dem Jahr 2030 zu erwarten gewesen wäre. Durch das Rentenreformgesetz 1992 konnte mit der Einführung der nettolohnbezogenen Rentenanpassung und einem neuen Regelmechanismus für den Bundeszuschuss erreicht werden, dass die Ausgaben der gesetzlichen Rentenversicherung (gRV) bis zum Jahr 2040 um rd. 20% niedriger ausfallen als beim vor 1992 angewandten Verfahren der bruttolohnbezogenen Anpassung. Das 1996 beschlossene Wachstums- und Beschäftigungsförderungsgesetz (WFG) brachte eine weitere Dämpfung des Ausgabenanstiegs mit sich. Mit dem Rentenreformgesetz 1999 (RRG '99) – insbesondere der Einfügung der „Demographischen Komponente" in die Rentenformel – könnte der voraussichtliche Beitragssatzanstieg langfristig um weitere zweieinhalb bis drei Beitragssatzpunkte gemindert werden, so dass auf dem Höhepunkt der demographischen Belastungen um das Jahr 2040 mit einem maximalen gRV-Beitragssatz von 23 bis 25% zu rechnen wäre.

Herzstück des im Herbst 1997 im Deutschen Bundestag verabschiedeten RRG '99 war die Einfügung einer Demographischen Komponente in die Rentenformel. Dadurch sollte sichergestellt werden, dass die sich aus der gestiegenen Lebenserwartung mit der Folge längerer Rentenlaufzeiten ergebenden finanziellen Mehrbelastungen hälftig zwischen Rentnern und Beitragszahlern aufgeteilt werden.

Damit wäre ein etwas geringerer Anstiegswinkel in der Rentenanpassung verbunden. Dies bedeutete aber keineswegs, dass die bestehenden Rentenansprüche gesenkt würden. Vielmehr würde das Tempo der künftigen Rentenanpassungen moderat verringert, ohne das Leistungsniveau der gRV in unvertretbarer Weise zu reduzieren. Rentenkürzungen hätte es in Folge der Einführung der Demographischen Komponente nicht gegeben. Langfristig sollte das sogenannte Eckrentenniveau, d.h. das Verhältnis einer auf 45 Versicherungsjahren beruhenden Nettodurchschnittsrente zum aktuellen Nettodurchschnittsverdienst, nicht unter 64% (derzeit 70%) absinken. Bis Mitte der siebziger Jahre lag das Nettorentenniveau dagegen teilweise deutlich unter diesem Zielwert.

Die bereits in Kraft getretenen und die im RRG '99 vorgesehenen strukturellen Maßnahmen hätten sich wegen der erforderlichen Übergangsregelungen erst allmählich dämpfend auf die Ausgabenentwicklung und damit auf die Beitragssatzentwicklung ausgewirkt. Zur Verbesserung der Situation auf dem Arbeitsmarkt waren spürbare Entlastungen bei den Lohnzusatzkosten jedoch schnell erforderlich. Daher wurde neben den strukturellen Änderungen auch eine Erhöhung des Bundeszuschusses zur Rentenversicherung der Arbeiter und Angestellten beschlossen. Die kurzfristige Stabilisierung des Beitragssatzes in der Rentenversicherung der Arbeiter und der Angestellten und die nachhaltige Dämpfung seines langfristigen Anstiegs sollten also durch Sparen und Umfinanzierung bewirkt werden.

Die Rentenversicherung hat durch die am 1. April 1998 in Kraft getretene Anhebung des oberen Mehrwertsteuersatzes von 15% auf 16% im Jahr 1998 9,6 Mrd. DM und im Jahr 1999

15,6 Mrd. DM als zusätzlichen Bundeszuschuss erhalten. Ab dem Jahr 2000 wird dieser zusätzliche Bundeszuschuss jährlich prozentual entsprechend der höheren Mehrwertsteuereinnahmen angepasst. Mit dieser Maßnahme konnten die Beiträge zur gesetzlichen Rentenversicherung bereits kurzfristig stabilisiert werden; ein drohender Beitragssatzanstieg im Jahr 1998 konnte verhindert werden.

3 Zwischenbilanz: Das Prognos-Gutachten von 1998

Das Prognos-Institut in Basel hat im Auftrag des Verbandes Deutscher Rentenversicherungsträger (VDR) drei Jahre nach der Vorlage seiner letzten umfangreichen Rentenstudie im Frühjahr 1998 ein weiteres Gutachten zur Entwicklung der gesetzlichen Rentenversicherung bis zum Jahr 2040 erstellt.

Daraus geht hervor, dass sich der Anteil der 65-Jährigen und Älteren im Verhältnis zu den 20- bis 64-Jährigen (Altersquotient) in den nächsten vier Jahrzehnten verdoppeln wird. Selbst unter der Einrechnung eines veränderten Erwerbsverhaltens ist auf dieser Grundlage noch mit einer Zunahme der normierten Rentenfallzahlen um mindestens 64% (oberes Szenario) bis zu knapp 70% (unteres Szenario) zu rechnen. Trotz dieser massiven Zunahme der Zahl der Leistungsempfänger würde der Beitragssatz für die gRV allein durch die Maßnahmen des Rentenreformgesetzes von 1992 „nur" auf etwa 27% im Jahr 2040 ansteigen. Die Simulationsrechnungen des Prognos-Instituts zeigen weiterhin, dass durch die gesetzlichen Regelungen des RRG ´99 der Beitragssatz langfristig je nach Szenario um 2,5 bis 3 Prozentpunkte abgesenkt werden könnte.

Die Anwendung der Demographischen Komponente in der Rentenanpassung ist dabei nicht das einzige, aber sicherlich das wichtigste Element der erzielten Beitragssatzsenkung. Zusätzlich spielen die Auswirkungen aus der Anhebung der Altersgrenze für Schwerbehinderte und aus der Neuregelung der Erwerbsminderungsrenten eine entscheidende Rolle. Dagegen wirkt sich die Höherbewertung der Kindererziehungszeiten ausgabensteigernd aus. Auf der Einnahmenseite bewirkt der zusätzliche Bundeszuschuss in der Größe eines Mehrwertsteuersatzpunktes eine dauerhafte Entlastung der Beitragzahler.

Insgesamt könnte der Beitragssatz durch die gesetzlichen Regelungen des RRG '99 bis zum Jahr 2015 bei rd. 20% stabil gehalten werden. Auf dem Höhepunkt der demographischen Belastungen nach dem Jahr 2035 würde der Beitragssatzanstieg auf 24% - 25% begrenzt werden.

Anhaltend schwierige Arbeitsmarktlage

Die eigentliche wirtschaftliche und sozialpolitische Herausforderung der im Prognos-Gutachten vorausgesagten Entwicklung ergibt sich aus der dramatischen Einschätzung der Situation auf dem Arbeitsmarkt. Selbst im günstigsten Szenario kommt die Studie zu dem Ergebnis, dass die Arbeitslosenquote bis zum Jahre 2010 allenfalls geringfügig unter die 10%-Marke gesenkt werden kann. Erst nach dem Jahr 2010 dürfte es nach diesem Szenario zu einer spürbaren Entlastung auf dem Arbeitsmarkt kommen. Nach der unteren Variante der Modellrechnungen würde die Arbeitslosenquote sogar während des gesamten Projektionszeitraums deutlich über 10% liegen.

Zwar hätte diese anhaltend dramatische Arbeitsmarktlage überraschenderweise nur noch einen marginalen Beitragssatzeffekt in der gRV, aber für alle anderen Zweige der Sozialversicherung wäre eine derart negative Beschäftigungssituation mit einem nachhaltigen Anstieg der Beitragsbelastung verbunden. Damit müsste der Gesamtsozialversicherungsbeitrag zur Renten-, Kranken-, Pflege- und Arbeitslosenversicherung von knapp 42% (1999) auf mehr als 51% im Jahr 2040 ansteigen. Da im Unterbeschäftigungs-Szenario auch eine erheblich stärkere Lohnsteuerbelastung der Arbeitnehmer resultiert, würde der den Arbeitnehmern netto verbleibende Teil der Bruttolohn- und Gehaltssumme von 64,4% (1995) auf rund 56% (2040) spürbar zurückgehen. Es erscheint kaum vorstellbar, dass ein solcher Anstieg der Abgaben von den Arbeitnehmern und der Wirtschaft hingenommen werden könnte. Deshalb sind zusätzliche Reformmaßnahmen zwingend, wenn das von Prognos skizzierte Unterbeschäftigungs-Szenario vermieden werden soll.

4 Erste rot-grüne Reformmaßnahmen und aktuelle Reformvorschläge

Unmittelbar nach dem Regierungswechsel hat die rot-grüne Mehrheit im Deutschen Bundestag ein Rentenkorrekturgesetz verabschiedet, mit dem der im RRG ´99 eingeführte Demographische Faktor für die Rentenformel für die Jahre 1999 und 2000 ausgesetzt wird. Auch die Änderungen bei den Berufs- und Erwerbsunfähigkeitsrenten sowie die Anhebung der Altersgrenze bei der Altersrente für Schwerbehinderte, Berufs- und Erwerbsunfähige wurden für das Jahr 2000 zunächst außer Kraft gesetzt. Ferner wurde die Einbeziehung scheinselbständiger Arbeitnehmer sowie arbeitnehmerähnlicher Selbständiger als Pflichtversicherte in der gesetzlichen Rentenversicherung beschlossen. Darüber hinaus unterliegen seit dem 1. April 1999 auch die sogenannten „630-DM-Jobs" der Sozialversicherungspflicht. Schließlich übernimmt der Bund seit dem 1. Juni 1999 die Zahlung von Beiträgen für Kindererziehungszeiten und die Erstattung von Kosten der deutschen Einheit ohne Anrechnung auf den Bundeszuschuss. Durch diese Maßnahmen wurde der Beitragssatz in der Rentenversicherung zum 1. April 1999 von zuvor 20,3% auf 19,5% gesenkt. Zur Gegenfinanzierung dieser massiven Ausweitung der Leistungen des Bundeshaushaltes an die Rentenversicherungsträger trat gleichfalls zum 1. April 1999 die erste Stufe der sog. „ökologischen Steuerreform" in Kraft.

4.1 Die Auswirkungen des „Sparpaketes" auf die Alterssicherungssysteme

Im Zuge des Haushaltssicherungsgesetzes der rot-grünen Bundesregierung soll die nettolohnbezogene Erhöhung der Renten in den Jahren 2000 und 2001 durch einen Inflationsausgleich in Höhe von 0,7% und 1,6% ersetzt werden. Dadurch werden Einsparungen der Rentenversicherung von 4,6 Mrd. DM im Jahr 2000 und 12 Mrd. DM im Folgejahr möglich. Diese Einsparungen sind allerdings als Beitrag des Bundesministeriums für Arbeit und Sozialordnung zum sog. Sparpaket vorgesehen und können somit nicht für eine Senkung des Beitragssatzes der gRV verwendet werden. Stattdessen werden die Rentenkassen durch das Sparpaket im Jahr 2000 mit rund 6 Mrd. DM und in den Folgejahren jeweils mit rund 7 Mrd. DM belastet. Dabei schlägt vor allem die Reduzierung der Sozialabgaben des Bundes für Empfänger von Arbeitslosenhilfe und für Wehr- und Zivildienstleistende zu Buche. Darüber hinaus werden der Rentenversicherung neue Lasten aufgebürdet. So hat die geplante Einführung einer Mindestrente für die Rentenkassen Ausgaben von mindestens 2 Mrd. DM zur Folge, die bisher von den Sozialhilfeträgern finanziert worden sind. Die Aufhebung der von der alten Bundesregierung beschlossenen Kürzungen für arbeitsmarktbedingte Berufs- und Erwerbsunfähigkeitsrenten belastet die Rentenkasse nochmals mit 1 Mrd. DM.

4.2 Ökosteuer und Mindestrente: Auf den Weg zum Systemwechsel?

Im Hinblick auf die immer wieder erhobene Forderung nach einer verstärkten Steuerfinanzierung versicherungsfremder Leistungen ist mit den bis 1998 beschlossenen Regelungen das Ende der Fahnenstange erreicht worden. Insbesondere durch die erheblichen Ausweitungen der Bundesmittel in den Jahren 1998 (zusätzlicher Bundeszuschuss) und 1999 (Bundesbeiträge für Kindererziehungszeiten) mit einer Gesamtwirkung von 33 Mrd. DM pro Jahr (ab dem Jahr 2000) würde der Gesamtbetrag der aus dem Bundeshaushalt in die Kassen der Rentenversicherungsträger der Arbeiter und Angestellten fließenden Mittel bereits das Gesamtvolumen der versicherungsfremden Leistungen von rd. 100 Mrd. DM leicht übersteigen. Ein Teil dieser Leistungen stellt ohnehin ein Element des sozialen Ausgleichs innerhalb der Versichertengemeinschaft dar. Hinzu kommt, dass der Steueranteil bei der Finanzierung der knappschaftlichen Rentenversicherung naheliegenderweise ein Mehrfaches des dortigen Beitragsaufkommens ausmacht.

Die erste Stufe der 1999 eingeführten Ökosteuer, die bis 2003 schrittweise erhöht werden soll, dient der Finanzierung des durch die Zahlung von Kindererziehungsbeiträgen und die Erstattung einigungsbedingter Leistungen erhöhten Bundeszuschusses. Mit den folgenden Stufen der Ökosteuer sollen die Aufwendungen der Rentenversicherungsträger im Zusammenhang mit der ab 2001 geplanten steuerfinanzierten Mindestrente erstattet und der sog. „zusätzliche Bundeszuschuss", der aus der Mehrwertsteuererhöhung von 1998 hervorging, gespeist werden.

Damit wird mittelfristig weit mehr als ein Drittel der Rentenausgaben direkt oder indirekt aus Steuermitteln finanziert. Ein hinreichender Eigentumsschutz der durch eigene Beitragsleistungen erworbenen Rentenansprüche wäre somit nicht mehr vollständig gewährleistet. Mit einem weiter steigenden Steueranteil hinge die Höhe der Rentenzahlungen in Zukunft weniger von eigenen Leistungen der Versicherten während des Erwerbslebens als vielmehr von staatlichen Gnadenakten in Form steuerfinanzierter Zuweisungen je nach Kassenlage ab.

In dieses Bild passt auch die geplante Einführung einer bedarfsorientierten Mindestrente innerhalb der gRV, die eine Auszahlung der bisherigen Sozialhilfeleistungen an Rentner durch die Rentenversicherungsträger und eine entsprechende Ausweisung der Leistungen als Rentenzahlungen zur Folge hätte. Mit einer solchen Grundsicherung wäre eine Vermischung des Versicherungsprinzips der Altersvorsorge mit dem Fürsorgeprinzip der Sozialhilfe und eine Abkehr vom bewährten System der beitrags- und leistungsbezogenen Rente, die „Alterslohn für Lebensarbeit" ist, verbunden. Die Aufstockung kleiner Renten auf das Sozialhilfeniveau könnte dabei durch eine relative Kürzung beitragsfinanzierter Rentenansprüche finanziert werden. Durch die überproportionale Erhöhung des Steueranteils an der Finanzierung der Rentenausgaben in Verbindung mit der Einführung einer Mindestrente wäre der Weg in eine „Grundrente nach Kassenlage" bereitet.

4.3 Frühverrentung zum Wohle des Arbeitsmarkts?

Der unter dem Schlagwort „Rente mit 60" bekanntgewordene Gedanke eines abschlagsfreien Rentenbezugs bereits ab dem 60. Lebensjahr soll das frühere Ausscheiden aus dem Erwerbsleben aus arbeitsmarktpolitischen Gründen attraktiver machen. Der zugrunde liegenden Hoffnung, dass ein Großteil der freiwerdenden Stellen älterer Arbeitnehmer durch Neueinstellungen jüngerer Menschen und Langzeitarbeitsloser wieder besetzt wird und somit ein Beitrag zur Entschärfung der Arbeitsmarktsituation geleistet werden kann, stehen jedoch vielfältige Erfahrungen im In- und Ausland entgegen. Das von einem Teil der Gewerkschaften nachdrücklich geforderte Modell „Ältere raus, Jüngere rein" hat bei allen früheren Experimenten die Erwartungen enttäuscht, da lediglich ein relativ geringer Teil der freigewordenen Stellen tatsächlich wieder besetzt wurde. Ein nennenswerter Beschäftigungszuwachs wäre hier nicht zu erwarten.

Für die Systeme der Alterssicherung bedeutete die „Rente mit 60" allerdings eine massive Belastung, die selbst durch arbeitsmarktpolitische Erfolge kaum aufgewogen werden könnte. Der Aufbau einer „Schattensozialversicherung" durch Tariffonds in zweistelliger Milliardenhöhe würde insbesondere eine extreme Benachteiligung der jungen Generation bedeuten, die einen beachtlichen Teil ihrer jährlichen Einkommenszuwächse zur Finanzierung des Vorruhestandsprogramms für ältere Arbeitnehmer aufwenden müsste, ohne später selbst Vorteile daraus ziehen zu können. Vielmehr würde erheblicher finanzieller Spielraum zum Aufbau einer eigenen privaten Altersvorsorge verloren gehen und somit die notwendige Stärkung der zweiten und dritten Säule der Altersvorsorge deutlich erschwert.

Zwar scheint nach der am Jahresbeginn 2000 erfolgten Vereinbarung im „Bündnis für Arbeit" die Gefahr flächendeckender Frühverrentungsprogramme durch den Verweis auf branchenspezifische tarifvertragliche Regelungen zunächst gebannt. Für die Arbeitnehmer, die von solchen Frühverrentungsmodellen betroffen wären, würde der Aufbau eines zweiten Standbeins der Altersvorsorge (im folgenden als „*Sparrente*" bezeichnet) dennoch auf absehbare Zeit zumindest deutlich erschwert. Völlig zu Recht stellt daher der Sachverständigenrat zur Begutachtung der gesamtwirtschaftlichen Entwicklung in seinem Jahresgutachten 1999/2000 wörtlich fest: „Der Plan 'Rente mit 60' ist ein Irrweg und sollte schnellstens zu den Akten gelegt werden."[1]

5 Reformoptionen für das 21. Jahrhundert

Die große sozialpolitische Herausforderung an der Schwelle zum 21. Jahrhundert liegt darin, den Generationenvertrag in der Alterssicherung so zu modifizieren, dass die verhängnisvolle Spirale zwischen steigenden Sozialbeiträgen und wegfallenden Arbeitsplätzen dauerhaft durchbrochen und somit die Voraussetzung für eine nachhaltige Besserung der Arbeitsmarktlage geschaffen wird.

Hier gilt es zunächst, den Ausgabenanstieg in der gRV weiter zu begrenzen. Ein offener struktureller Reformbedarf besteht außerdem in der Stärkung der rentenrechtlichen Anerkennung von Erziehungs- und Pflegeleistungen, der eigenständigen sozialen Sicherung von Frauen und in der Berücksichtigung unstetiger Erwerbsbiographien. Ferner ist die

---

1 Sachverständigenrat zur Begutachtung der gesamtwirtschaftlichen Entwicklung: Jahresgutachten 1999/2000: „Wirtschaftspolitik unter Reformdruck" vom 16.11.1999, Tz. 381.

Frage zu klären, ob eine teilweise Ersetzung oder Ergänzung des Umlageverfahrens der gRV durch eine Teilkapitalfundierung einen Beitrag zur langfristigen Stabilisierung des Alterssicherungssystems leisten kann.

5.1 Begrenzung des Ausgabenanstiegs: Gerechtere Lastenverteilung zwischen den Generationen

Mit den bereits beschlossenen Rentengesetzen wird die Regelaltersgrenze für den Beginn des Rentenbezugs für Männer und Frauen in Stufen auf das 65. Lebensjahr angehoben. Bei einem weiteren Anstieg der Lebenserwartung wird langfristig – nach dem Jahr 2010 – eine weitere Anhebung der Regelaltersgrenze über das 65. Lebensjahr hinaus kaum zu vermeiden sein. Entscheidend für die Verbesserung der Finanzlage der gRV ist jedoch nicht alleine die Ausdehnung der Beitragszeit in der späteren Lebensphase, sondern auch ein früherer Eintritt ins Erwerbsleben. Deshalb kommt der Verkürzung der Dauer der beruflichen und/oder akademischen Erstausbildung ebenfalls eine entscheidende Bedeutung für die Stabilisierung der Sozialversicherung zu.

Die sich abzeichnenden massiven demographischen Veränderungen einerseits und mögliche Konsequenzen des im Jahr 2000 zu erwartenden Urteils des Bundesverfassungsgerichts zur Neuregelung der steuerlichen Behandlung von Alterseinkünften andererseits machen eine Korrektur der Rentenformel unausweichlich. Dabei muss auch in Zukunft die Nettoeinkommensentwicklung der Beitragszahler die Grundlage für die jährliche Rentenanpassung bleiben. Es ist aber zu prüfen, welche weiteren Elemente einer neuen Rentenformel geeignet sind, um auch langfristig eine gerechte Lastenverteilung zwischen den Generationen angesichts der sich abzeichnenden Schieflage der Alterspyramide zu gewährleisten. Der im RRG '99 vorgesehene Demographische Faktor stellt hierbei ein geeignetes Element zur Stärkung der Generationengerechtigkeit dar.

In einer modifizierten Rentenanpassungsformel sind außerdem die in den vergangenen Jahren beschlossenen staatlichen Leistungen für Familien zu berücksichtigen, die nach der bisherigen Rechtslage über höhere Nettolöhne in vollem Umfang an die Rentner weitergegeben würden. Die Mitte der 80er Jahre eingeführte und seitdem konsequent ausgebaute eigenständige familienpolitische Komponente bei der Alterssicherung führt aber bereits zu einer spürbaren Verbesserung der Anerkennung von Erziehungsleistungen bei den Rentenansprüchen. Von daher wäre es durchaus gerechtfertigt, die familienpolitischen Entlastungen im Steuerrecht bei der Rentenberechnung nicht gesondert zu berücksichtigen und die Nettolohnorientierung der Renten auf die Nettoeinkommensentwicklung der Arbeitnehmer ohne familienpolitische Entlastungseffekte zu begrenzen.

Diese Begrenzung muss allerdings systematisch durch eine Ergänzung der bisherigen Anpassungsformel geschehen. Die fallweise Entscheidung über die Aussetzung oder kurzfristige Modifizierung der Rentenanpassungsformel je nach der aktuellen Lage des Bundeshaushalts führt dagegen zu einem nicht zu unterschätzenden Verlust des Vertrauens in die langfristige Verlässlichkeit der gRV und in die Möglichkeit der finanziell gesicherten Planung des eigenen Ruhestands. Auch hier gilt der Vorrang des Vertrauensschutzes und der langfristigen Stärkung der Alterssicherungssysteme vor kurzfristigen Sparzwängen.

5.2 Stärkung der familienpolitischen Elemente und Reform der Hinterbliebenenversorgung: Gerechtere Lastenverteilung innerhalb einer Generation

Ein zentrales Element der nächsten Stufe der Rentenreform muss die Neuordnung der familienpolitischen Elemente in der Rentenversicherung und die Neuregelung der Hinterbliebenenversorgung sein. Dabei gilt es zu klären, ob die Forderung nach einer eigenständigen Alterssicherung der Frau durch eine spürbare Stärkung der familienpolitischen Elemente erfüllt werden kann.

Ziel muss es sein, dass künftig beide Ehepartner die Möglichkeit haben, eine eigenständige Rentenbiographie aus Zeiten eigener Erwerbstätigkeit sowie Zeiten von Familienarbeit (Kindererziehung oder Pflegezeiten) aufzubauen. Damit würde dem Anspruch der Rente als Alterslohn für Lebensarbeit durch die konsequente rentenrechtliche Gleichstellung der Familien- mit der Erwerbsarbeit Rechnung getragen. Durch die systematische rentenrechtliche Stärkung der Familienarbeit könnte die bisherige Rolle der Hinterbliebenenrente als Haupteinkommensquelle zur Aufrechterhaltung des Lebensstandards langfristig durch eine stärkere Anrechnung von eigenem Einkommen modifiziert werden.

Mit der Einfügung des Demographischen Faktors durch das RRG '99 sollte eine gerechtere Lastenverteilung zwischen den Generationen erreicht werden. Offen blieb allerdings, wie die mit der anhaltend niedrigen Geburtenrate verbundenen demographischen Lasten innerhalb einer Generation zwischen kinderarmen und kinderreichen Versicherten gerechter verteilt werden können. Die Stärkung der familienpolitischen Elemente in der gRV dient daher neben der eigenständigen Alterssicherung von Frauen auch der systematischen Aufwertung des generativen Beitrags zur Erhaltung des Generationenvertrags durch die Erziehung von Kindern.

Eine rasche und vollständige Umstellung des Systems zur Anerkennung von Kindererziehungsleistungen und der Hinterbliebenenversorgung in der Rentenversicherung würde allerdings nicht nur die finanziellen Möglichkeiten übersteigen, sondern auch die Lebensplanung der rentennahen Jahrgänge in unzulässiger Weise berühren. So ist die derzeitige Regelung insbesondere für die heutige Rentnergeneration notwendig, weil viele Witwen keine oder nur unzureichende eigene Rentenansprüche erwerben konnten. Eine Reform des Systems der Hinterbliebenenrente kann deshalb nur in sehr langen Übergangszeiträumen erfolgen.

5.3 Arbeitsmarkt im Wandel: „Glättung" unsteter Rentenbiographien?

Der rasche Wandel der Arbeitswelt und die zunehmende Individualisierung der Lebensentwürfe haben zur Folge, dass die Zahl unterbrochener Erwerbsläufe und auch die quantitative Bedeutung dieser Lücken in den Rentenbiographien erheblich zunehmen werden. Dabei entstehen diese Lücken nicht zuletzt deshalb, weil die Übergänge zwischen verschiedenen Lebensphasen angesichts der veränderten Arbeitswelt bereits heute nicht mehr so reibungslos gelingen wie früher (z.B. Berufseinstieg, Berufswechsel, Weiterbildung, Wiedereinstieg nach der Kindererziehungsphase). Diese Brüche in den Erwerbsbiographien, die zu erheblichen individuellen Sicherungsdefiziten im Alter führen können, sind jedoch oftmals die Voraussetzung für eine Verbesserung der individuellen Arbeitsmarktchancen.

So werden z.B. durch Weiterbildungs- und Qualifizierungsphasen (Stichwort „Lebenslanges Lernen") Produktivitäts- und Kreativitätsreserven für die berufliche Weiterentwicklung oder Neuorientierung freigesetzt, ohne die die betroffenen Arbeitnehmer nicht mehr mit den sich immer schneller verändernden Anforderungen der Arbeitswelt Schritt halten können.

Vor dem Hintergrund dieser zu erwartenden Sicherungslücken stellt sich die Frage, ob durch eine zielgerichtete Ausweitung solidarischer Ausgleichselemente in der gRV eine „Glättung" unsteter Rentenbiographien möglich wird, ohne den Grundsatz der Beitragsbezogenheit der Rentenleistungen zu gefährden. Das von der Bundesversicherungsanstalt für Angestellte (BfA) entwickelte Modell der „flexiblen Anwartschaftszeiten" (FAZ) könnte möglicherweise einen akzeptablen Weg aufzeigen. Dieses Konzept sieht vor, dass Versicherten bis zu fünf Jahre, in denen sie keine oder nur geringe Beiträge gezahlt haben, bei der Rentenberechnung gutgeschrieben werden.

Um Missbrauch zu verhindern, müsste die Anrechnung von beitragsfreien Zeiten allerdings an eine längere Zeit der Beitragsleistung (z.B. 1 FAZ-Jahr je 8 Beitragsjahre) gekoppelt werden. Da zur Gegenfinanzierung dieser Reformmaßnahme eine weitere Verminderung des Tempos der jährlichen Rentenanpassungen wohl unvermeidlich wäre, könnte die Einführung von FAZ nur sehr langfristig und in Stufen verwirklicht werden. Trotz dieser absehbaren, nicht unbeachtlichen Implementierungsprobleme sollte ernsthaft geprüft werden, ob und inwieweit das FAZ-Modell zur „Glättung" der Rentenansprüche bei unsteten Versicherungsverläufen beitragen kann.

5.4 Zwei Standbeine der Altersvorsorge: Ergänzung der umlagefinanzierten Rentenversicherung durch kapitalgedeckte Vorsorgeleistungen

Alleine durch Einsparungen kann angesichts der Dimension der demographischen Probleme eine langfristige Beitragssatzstabilisierung in der Rentenversicherung nicht erreicht werden. Aus diesem Grunde mehren sich seit einiger Zeit die Stimmen, die eine Ergänzung der umlagefinanzierten *„Barrente"* der gesetzlichen Rentenversicherung um eine kapitalgedeckte *„Sparrente"* als zweites Standbein der Altersvorsorge vorschlagen.

So wirbt z.B. der Bund Katholischer Unternehmer (BKU) für den Aufbau einer Rücklage, deren Erträge die Finanzierung der auch künftig überwiegend im Umlageverfahren erwirtschafteten Renten erleichtern sollen. Neuen Auftrieb bekam die Idee einer teilweisen Kapitalfundierung der Altersrenten durch einen Grundsatzbeschluss des CSU-Parteitags vom Herbst 1997, der sich für eine Teilkapitaldeckung innerhalb der Sozialversicherung ausspricht. Im Februar 1998 hat schließlich der Wissenschaftliche Beirat beim Bundesministerium für Wirtschaft in einem ausführlichen Gutachten empfohlen, „die umlagefinanzierte gesetzliche Rentenversicherung unverzüglich durch eine private Teilkapitaldeckung der Renten zu ergänzen". Der Beirat sieht angesichts der demographischen Entwicklung „nur noch den Weg, die langfristig fehlenden Erwerbstätigen durch Realkapital zu ersetzen. Die Mittel, die bei der Ausbildung der Kinder gespart werden, können für den Aufbau eines Kapitalstocks verwendet werden, ohne dass dadurch ungebührliche Lasten entstehen. Der drohende Mangel an Finanzierung kann auf diese Weise überwunden werden."

Damit stellt sich die Frage, ob der seit Jahrzehnten zwischen Wirtschafts- und Sozialpolitikern mit aller Schärfe geführte Grundsatzstreit um die Vorteilhaftigkeit des Umlage- oder des Kapitaldeckungsverfahrens durch eine Kombinationsstrategie zu einer einvernehmlichen Lösung geführt werden kann. Ein Blick über die Grenzen unseres Landes hinaus hilft hier weiter.

Im Sommer 1998 haben sich die regierenden Sozialdemokraten in Schweden mit den bürgerlichen Oppositionsparteien auf eine grundlegende Reform des schwedischen Rentensystems geeinigt. An die Stelle der alten „Volksheim"- Rente der Vergangenheit tritt nunmehr ein Rentenmodell, das sich weitgehend an das deutsche System der gRV anlehnt:

– Der Rentenbeitrag soll in Schweden künftig 18,5% des Bruttolohns betragen. Dieser Beitrag wird hälftig durch Arbeitgeber und Arbeitnehmer aufgebracht.
– 16 Beitragssatzpunkte werden zur Finanzierung der laufenden Renten im Umlageverfahren verwendet – nach deutschem Vorbild.
– Die verbleibenden 2,5 Beitragssatzpunkte werden zum Aufbau eines Teilkapitalstocks verwendet. Dieser Kapitaldeckungsbeitrag kann entweder in einem neu aufgelegten Pensionsfonds, in neuen staatlichen Investmentunternehmen oder in privaten Investmentfonds, die von der schwedischen Finanzinspektion auf ihre Zuverlässigkeit hin geprüft werden, angelegt werden.

Damit weist das „Schwedische Reformmodell" einen Weg auf, wie die schrittweise Einführung kapitalgedeckter Elemente in die Alterssicherung unter grundsätzlicher Beibehaltung des Umlageverfahrens in der gRV möglich ist.

Der Aufbau der *„Sparrente"* kann dabei innerhalb des bestehenden deutschen Alterssicherungssystems erfolgen. So werden nach dem „3-Säulen-Konzept" die Renten der gRV für Arbeiter und Angestellte durch die Leistungen der betrieblichen Altersvorsorge bzw. der Zusatzversorgung im öffentlichen Dienst (2. Säule) sowie durch private Eigenvorsorge (3. Säule) ergänzt.

Ein besonderes Problem ergibt sich allerdings daraus, dass die betriebliche Altersversorgung als 2. Säule der Alterssicherung sehr unterschiedlich ausgeprägt ist. Während in zahlreichen westdeutschen Industriebetrieben gut fundierte Betriebsrentensysteme existieren und auch im Bereich der öffentlichen Hand mit der Zusatzversorgung für die Arbeiter und Angestellten des öffentlichen Dienstes ein starkes zweites Standbein der Altersversorgung besteht, gibt es insbesondere im mittelständischen Bereich, und dort vor allem im Handwerk, keine oder eine oftmals nur unzureichende betriebliche Altersversorgung. In den neuen Ländern ist die betriebliche Altersversorgung naheliegenderweise völlig unterentwickelt.

Die Stärkung der betrieblichen und privaten Altersvorsorge zur Ergänzung der umlagefinanzierten gRV ist somit dringend geboten, um die Finanzierung der Alterssicherung auf eine zukunftssichere Grundlage zu stellen und die Sicherung des Lebensstandards im Alter langfristig zu garantieren. Dabei sind drei Punkte zu beachten:

Erstens müssen steuerliche Anreize für den Ausbau der kapitalgedeckten Vorsorge geschaffen werden, indem mit dem Übergang zur nachgelagerten Besteuerung der Vorsorgeaufwand steuerlich anerkannt wird und Zinserträge während der Ansparphase steuerfrei bleiben. Die von der

Bundesregierung im Sommer 1999 vorgelegten und zwischenzeitlich im Vermittlungsverfahren zwischen Bundestag und Bundesrat gescheiterten Pläne, Kapitallebensversicherungen massiv zu besteuern, haben dagegen ein völlig falsches Signal gesetzt.

Zweitens muss ein Weg gefunden werden, wie die private Vorsorge auch Bürgern mit niedrigem Einkommen ermöglicht werden kann, denn für Vielverdiener ist eine ergänzende private Altersvorsorge bereits heute nahezu selbstverständlich. Erst wenn diese Rahmenbedingungen geklärt sind, sollte man drittens entscheiden, ob die *„Sparrente"* freiwillig oder obligatorisch zu gestalten ist.

Dabei ist zu beachten, dass ein obligatorischer Vorsorgebeitrag statistisch als Abzug vom Bruttolohn verbucht wird und somit zu einer Verminderung des für die Rentenberechnung relevanten Nettoeinkommens führt. Dieser statistische Effekt bewirkt ähnlich wie der Demographische Faktor eine Abflachung der Rentenanpassung und vermindert den Zuwachs der Rentenansprüche bei allerdings gleichbleibendem Rentenniveau, d.h. bei gleichbleibendem Verhältnis der Nettodurchschnittsrenten zu den Nettodurchschnittseinkommen.

6 Reform der Beamtenversorgung und der Zusatzversorgung im öffentlichen Dienst

Die langfristige Sicherung der Finanzierungsgrundlagen stellt für alle Alterssicherungssysteme eine große Herausforderung dar. Der Blick darf sich daher nicht allein auf die gRV verengen. Vielmehr müssen auch bei den anderen Alterssicherungssystemen die notwendigen Weichenstellungen vorgenommen werden. Der Deutsche Bundestag hat daher im Frühjahr 1998 ein umfangreiches Maßnahmenbündel zur langfristigen Sicherung der Beamtenversorgung beschlossen. Nahezu zeitgleich haben die Tarifpartner im öffentlichen Dienst den Einstieg in eine grundlegende Reform der Zusatzversorgung des öffentlichen Dienstes vereinbart.

6.1 Reform der Beamtenversorgung

Herzstück dieser Reform ist neben verschiedenen Maßnahmen auf der Leistungsseite die Bildung einer Versorgungsrücklage aus allein von Beamten und Pensionären erbrachten Versorgungsbeiträgen. Diese Rücklage wird gespeist durch die Einbehaltung eines Teil der jährlichen Besoldungsanpassung in Höhe von 0,2 Prozentpunkten der Tariferhöhungen für Arbeiter und Angestellte im öffentlichen Dienst in einem 15-Jahres-Zeitraum. Hierdurch erfolgt eine allmähliche Absenkung des Besoldungs- und Versorgungsniveaus um bis zu 3%. Dadurch soll eine gerechtere Verteilung der Versorgungslasten auf die Gesellschaft einerseits und den öffentlichen Dienst andererseits erreicht werden.

Die in der parlamentarischen Diskussion zunächst beabsichtigte Bildung einer Kapitalreserve durch Rückstellungen innerhalb der öffentlichen Haushalte ist aus ordnungspolitischer und ökonomischer Sicht bedenklich. Dagegen spricht vor allem, dass eine Sicherung dieses Kapitalstocks gegen eine politische Zweckentfremdung nicht nachhaltig gewährleistet werden kann. So wurde bereits der erst vor wenigen Jahren in Schleswig-Holstein mit Privatisierungserlösen in Höhe von mehr als 120 Mio. DM gebildete „Pensionsfonds" zur künftigen Entlastung des Landeshaushalts bei Versorgungsbezügen auf Grund der angespannten aktuellen Finanzlage des Jahres 1997 teilweise wieder aufgelöst und dem allgemeinen Haushalt zugeführt.

Zumindest für den Bereich des Bundes bietet die nunmehr gefundene Lösung, die die Deutsche Bundesbank in die Verwaltung des Kapitalstocks miteinbezieht, eine erhebliche Verbesserung gegenüber dem ursprünglichen Ansatz. Durch eine Auslagerung der Versorgungsrücklage aus dem Bereich der öffentlichen Hand und die Einrichtung eines Versorgungsfonds mit individueller Kontenführung für jeden Beamten an Stelle einer kollektiven Rücklagenbildung könnte eine noch stärkere Sicherheit vor staatlichen Eingriffen erreicht werden.

Modellrechnungen des Gesamtverbandes der Deutschen Versicherungswirtschaft (GDV) verdeutlichen, dass durch eine dauerhafte Errichtung des Versorgungsfonds die Beamtenversorgung auf eine langfristig solide Grundlage gestellt werden kann. Langfristig könnten die aus einer dreiprozentigen Versorgungsabgabe erzielbaren Leistungen ausreichen, um mindestens 9% der letzten Bruttobezüge der Beamten als dauerhafte Alterssicherung zu garantieren. Bei einem Festhalten an einem Gesamtsicherungsziel von 75% der letzten Bruttobezüge hätte dies zur Folge, dass aus den allgemeinen Haushaltsmitteln nur noch 66% der letzten Bruttobezüge bereitgestellt werden müssten.

Der Differenzbetrag müsste dann durch die obligatorische 2. Säule des Versorgungsfonds aufgebracht werden. Angesichts dieses erheblichen Entlastungseffekts sollte die Umwandlung der Versorgungsrücklage von einer temporären zu einer dauerhaften Ergänzung des Systems der Beamtenversorgung ernsthaft erwogen werden.

6.2 Reform der Zusatzversorgung im öffentlichen Dienst

Die Zusatzversorgung für Arbeiter und Angestellte des öffentlichen Dienstes gewährt eine an den Grundsätzen der Beamtenversorgung orientierte Gesamtversorgung. Diese beläuft sich bei einer maximalen gesamtversorgungsfähigen Zeit auf rd. 90% des gesamtversorgungsfähigen Nettoentgelts. Bislang wurden die Leistungen der Zusatzversorgung im öffentlichen Dienst ausschließlich über eine von den Arbeitgebern zu entrichtende Umlage finanziert. Diese belief sich in den alten Bundesländern zuletzt auf 5,2% der Bruttobezüge. Seit dem 01.01.1999 wird der weitere Finanzierungsbedarf nicht mehr ausschließlich vom Arbeitgeber, sondern je zur Hälfte von Arbeitgebern und Arbeitnehmern getragen. Damit konnte erstmalig der Einstieg in eine duale Beitragsfinanzierung der künftigen Versorgungslasten der Zusatzversorgung erreicht werden.

Das Prognos-Gutachten von 1998 zeigt für die Zusatzversorgungssysteme eine Ausgabenentwicklung an, die signifikant über dem Durchschnitt der gesamten Sozialversicherungszweige liegt. Dies wird sich vor allem bis 2010 mit einem Anstieg der Zahl der Versorgungsempfänger von 1,7 Mio. (1997) über 3,1 Mio. (2010) auf 3,5 Mio. (2040) bemerkbar machen. Der durchschnittliche Umlagesatz (West) steigt demzufolge von nunmehr 5,2% über 8,6% bis 9,1% (2010) auf 11,5% bis 11,7% (2040) an. Vor dem Hintergrund dieser Ergebnisse erscheinen weitere Reformmaßnahmen mit dem Ziel der Begrenzung eines Ausgabenanstiegs unausweichlich.

7 Fazit

Der demographische Wandel stellt alle öffentlichen Alterssicherungssysteme vor eine große Herausforderung. Trotz der beachtlichen langfristigen Konsolidierungserfolge durch die Rentenreformen von 1992 und 1997 stellt sich heute die Frage nach weiteren Reformschritten, um die verhängnisvolle Spirale zwischen steigenden Sozialbeiträgen und wegfallenden Arbeitsplätzen dauerhaft zu durchbrechen.

Dazu ist die Änderung der geltenden Rentenanpassungsformel erforderlich, wobei die Nettolohnentwicklung weiterhin Grundlage für die jährliche Rentenanpassung bleiben muss. Die von der rot-grünen Bundesregierung beabsichtigte zweijährige Koppelung der Rentenanpassung an die Inflationsrate des Vorjahres stellt hingegen keinen geeigneten Reformweg dar. Dagegen könnte durch den im RRG ´99 vorgesehenen Demographischen Faktor die Rentenformel mit dem Ziel einer gerechteren Verteilung der demographischen Lasten zwischen den Generationen ergänzt werden.

Angesichts der anhaltend niedrigen Geburtenrate in unserem Land, die wesentlich zu den absehbaren massiven Finanzierungsproblemen in der gRV beiträgt, stellt sich darüber hinaus die Frage, wie eine gerechtere Lastenverteilung innerhalb einer Generation zwischen kinderreichen und kinderarmen Versicherten der gRV erreicht werden kann. Deshalb ist eine deutliche Stärkung der rentenrechtlichen Anerkennung des Beitrags der Kindererziehung zur Erhaltung des Generationenvertrages unabdingbar. Dies bedeutet ebenso wie die rentenrechtliche Berücksichtigung der Pflegezeiten einen wesentlichen Beitrag zur Stärkung der eigenständigen Alterssicherung der Frau.

Ein Systemwechsel von der beitrags- und leistungsbezogenen Rente zur steuerfinanzierten Grundsicherung ist entschieden abzulehnen. Die Rente muss auch in Zukunft „Alterslohn für Lebensarbeit" bleiben. Dabei gilt es, die Gleichrangigkeit von Erwerbs- und Familienarbeit (Kindererziehung, Pflege von Angehörigen) bei der Alterssicherung konsequent durchzusetzen.

Entscheidend ist weiterhin, dass auch in den anderen öffentlichen Alterssicherungssystemen – insbesondere im Bereich der Beamtenversorgung und der Zusatzversorgung des öffentlichen Dienstes – die bereits eingeleiteten Strukturreformen fortgeführt werden.

Die umlagefinanzierte gesetzliche Rentenversicherung wird auch in Zukunft stärkste Säule der Alterssicherung bleiben. Allerdings ist der Ausbau ergänzender kapitalgedeckter Vorsorgesysteme unabdingbar, um das Ziel der Lebensstandardsicherung im Alter auch in Zukunft gewährleisten zu können. Hierzu ist insbesondere eine hinreichende steuerliche Förderung von privater und betrieblicher Vorsorge erforderlich. Nur durch den konsequenten Aufbau der kapitalgedeckten *„Sparrente"* zur Ergänzung der umlagefinanzierten öffentlichen Alterssicherungssysteme kann der Generationenvertrag für das 21. Jahrhundert erneuert werden.

Erwerbsarbeit in der Dritten Lebensphase

Ernst Ulrich von Weizsäcker

1 Pensionsfonds und Ökosteuer

Was bringt einen Umweltpolitiker dazu, sich um das Thema „Alternde Gesellschaft" zu kümmern? Zwei Anlässe kamen bei mir zusammen:

1. Die US-amerikanischen Pensionsfonds werden vielfach von Umweltschützern als der Inbegriff einer nicht-nachhaltigen Wirtschaft angesehen. Die Pensionsfonds sind heute die wichtigsten Aktionäre. Und in ihrer Shareholder-Value-Mentalität hat der Umweltschutz einen sehr geringen Stellenwert. Die Rentabilitätsforderungen der Pensionsfonds haben die Führungsetagen der Wirtschaft gewaltig unter Druck gesetzt. Das extrem mobile Kapital hat weltweit einen Mentalitätsumschwung in Richtung einer Kostenlogik erzwungen, in welcher man sich langfristige Rücksichten kaum mehr leisten konnte. Der Mentalitätsumschwung erfasste erst die Wirtschaft, dann die Medien und die Politik und schließlich die breite Bevölkerung. Ein Symptom dieses Umschwungs ist der Stillstand der Umweltpolitik in praktisch allen OECD-Ländern. Der Verlust der Langfristigkeit hat etwas Ironisches: Ausgerechnet die Pensionsfonds, deren Kunden einen Zeithorizont von 20 bis 50 Jahren haben oder haben sollten, sind als Agenten der Kurzfristigkeit aufgetreten und damit siegreich geblieben.

2. Die ökologische Steuerreform, die ich für eines der wichtigsten Steuerungsinstrumente für die Gewinnung der ökologischen Nachhaltigkeit halte, ist in Deutschland erst in Gang gekommen, als die Lohnnebenkosten, insbesondere

die Rentenkosten, in unerträgliche Höhen gestiegen waren. Erst jetzt war die Politik bereit, zur Dämpfung der Rentenbeiträge sogar die bittere Pille von Energiesteuern zu schlucken. Aber die Strafe folgt auf dem Fuße: Alsbald waren die Kritiker der Energiesteuer mit dem doppelten Einwand zur Stelle: a) zwischen Renten und Energie gebe es keine logische Verbindung, und b) die Ökosteuer werde die Lohnnebenkosten nur so geringfügig senken, dass ein positiver Beschäftigungseffekt schlechterdings nicht zu erwarten sei.

Beide Anlässe führen zunächst nicht zu mehr als einer schwachen Berührung zwischen Umweltschutz und den Politikfragen der alternden Gesellschaft. Aber dabei braucht es nicht zu bleiben. In beiden Fällen ergeben sich Gründe, zu versuchen, die finanzielle Last der Altersversorgung zu senken:

Die Politik der ökologischen Langfristigkeit, der Nachhaltigkeit, muss ein Interesse daran haben, die Pensionsfonds zu veranlassen, sich auf ökologisch nachhaltig operierende Anlagemöglichkeiten zu konzentrieren und auf Investitionen in jede Art von Raubbau zu verzichten, auch wenn das kurz- und mittelfristig einen Renditeverzicht impliziert. Der Spielraum für die Politik, dies zu tun, wird desto größer, je weniger die Fonds die ganze Last der Altersversorgung tragen. Dann nämlich ist eine breite Akzeptanz für eine ökologische Beeinflussung der Kapitalmärkte auch um den Preis von kurzfristigen Renditekonzessionen wahrscheinlicher.

Auch die Politik der ökologischen Steuerreform muss sich in der nächsten Phase, der Phase nach dem symbolischen Einstieg in die Reform, um eine Entlastung der Rentenkosten mit anderen Mitteln kümmern. Das ist eine Frage der Glaubwürdigkeit gegenüber all denen, die unter Energiesteuern leiden. Denn die Idee, dass die Energiesteuern so lange angehoben werden, bis die Rentenbeiträge auf ein Maß abgesenkt sind, wo massive Beschäftigungseffekte erwartet werden können, hat etwas Erschreckendes: es ist angesichts der demographischen Perspektive der nächsten Jahrzehnte eine Art „Fass ohne Boden".

2 Zwei historische Brüche im System der Altersversorgung

Jeder Versuch einer ernsthaften Entlastung der Altersversorgung muss die historische Entstehung der heutigen Krise vor Augen haben. Nach meinem Eindruck gibt es historisch zwei große Brüche in der Altersversorgung: Der *erste* geschah im Zusammenhang mit dem Ersten Weltkrieg und der Inflation von 1923. Der seit Bismarck öffentlich angesparte Kapitalstock ging verloren, und die Finanzierung musste auf das Umlageverfahren umgestellt werden. Die Umlage bedeutete einen Wechsel auf die Zukunft und verteuerte de facto den Faktor Arbeit. Es wäre eine lohnende Aufgabe für Wirtschaftshistoriker, abzuschätzen, wie weit dieser Bruch ursächlich an der Beschäftigungskrise der späten zwanziger Jahre und damit am Unheil des Nationalsozialismus beteiligt war.

Der *zweite* Bruch kam in den siebziger Jahren nach dem Ölschock und zog sich über viele Jahre hin. Der Ölschock löste Wirtschaftsturbulenzen und Arbeitslosigkeit aus. Erst versuchte man, mit keynesianischen „Konjunkturprogrammen" dagegen anzugehen. Die Staatsverschuldung nahm zu, aber die Arbeitslosigkeit wollte nicht zurückgehen. Sie wurde zunehmend als „strukturell" anerkannt. Weil sie – zu Recht – nicht mehr als „konjunkturell" angesehen wurde, wurden jetzt strukturelle Antworten gesucht. Und hier bot sich als plausible Maßnahme die systematische Frühverrentung an. Sie traf damals auf einen breiten politischen Konsens. Die Erwartung war, dass die von älteren Arbeitnehmer/innen vorzeitig frei gemachten Arbeitsplätze von jüngeren Arbeitsuchenden besetzt werden könnten. In einer Zeit ausgeglichener Einnahmen und Ausgaben der Rentenkassen schien das Verfahren auch finanziell verantwortbar, wenn es die Arbeitslosigkeit (und damit die Auszahlungen der Arbeitslosenversicherung) vermindern könnte.

Tatsache ist aber, dass die Politik des vorgezogenen Ruhestandes die Arbeitslosigkeit nicht beseitigt, ja nicht einmal vermindert hat. Es ist sogar plausibel, dass der vorgezogene Ruhestand zu einer Mitursache der Arbeitslosigkeit geworden ist. In einigen Ländern mit höherer Lebensarbeitszeit, insbesondere in Schweden und den USA, hat die Arbeitslosigkeit jedenfalls eher abgenommen. *Die kurze Lebensarbeitszeit bedeutet ja, dass sich die Relation zwischen Einzahlern und Nutznießern des Rentensystems verschlechtert.* Die Finanzierung des Rentensystems aus der Umlage wurde folglich mit zunehmender Frühverrentung immer aussichtsloser, wollte man die Renten stabil halten und dennoch die Beiträge und damit die Lohnnebenkosten nicht in schwindelnde Höhe anwachsen lassen. Und so hat die Zuzahlung aus Steuern seit 1973 von ca. 12 Mrd. DM auf über 100 Mrd. DM zugenommen. Doch diese hundert Milliarden müssen natürlich letztlich auch von den „Einzahlern" aufgebracht werden. Auch sie haben den Wirtschaftsstandort teuer gemacht.

Dieser zweite Bruch in der Altersversorgung hat zu dem vielleicht schwerwiegendsten politischen Problem unserer Tage geführt. Die Frühverrentung ist zum Bumerang geworden sowohl für die Arbeitslosigkeit wie für die Wettbewerbsfähigkeit.

Nicht genug damit. Neben der Frühverrentung hat die *demographische Entwicklung* die Relation zwischen Einzahlern und Nutznießern verschlechtert. Die eigentliche Umwälzung steht uns aber noch bevor. Wir müssen davon ausgehen, dass die Zahl der über sechzigjährigen Deutschen insbesondere im Zeitraum von 2010 bis 2035 jedes Jahr dramatisch zunimmt. Das kommt dann einem dritten Bruch im System gleich. Dieser bringt die Illusion vollends zum Einsturz, dass die Umlagefinanzierung das Rentensystem allein noch tragen kann.

3 Drei Säulen

Der natürliche Ausweg aus dem Dilemma besteht darin, das System auf mehr Säulen zu stellen. Bislang gibt es drei Säulen. Neben dem Umlageverfahren gibt es die Betriebsrente und die Kapitaldeckung. Die Betriebsrente in Zeiten extrem hoher Arbeitskosten weiter auszubauen ist kostenmäßig nicht wesentlich leichter als die Finanzierung der Umlage. Gewiss gibt es für die Betriebe den Vorteil, die Betriebstreue zu stärken und über das Kapital selbst zu disponieren, aber die faktischen Bruttoarbeitskosten steigen beim Ausbau der Betriebsrente eben doch, und mit ihnen der Rationalisierungsdruck.

Der Ausbau der Kapitaldeckung ist in aller Munde und ist bei Ermangelung anderer Alternativen ein unvermeidlicher Weg. Aber erstens drückt auch er die Bruttoarbeitskosten nach oben und zwingt (wenn er konsequenterweise obligatorisch läuft) der heutigen Generation von Arbeitenden eine zusätzliche Last auf. Und zweitens erzeugt er die Art von Pensionsfonds, deren Wirken eingangs kritisiert wurde.

Um die negativen ökologischen und sozialen Folgen der miteinander rivalisierenden Pensionsfonds zu mildern, sollten zumindest bessere Regeln und Standards für dieselben eingeführt werden. So könnte man bestimmte Mindestdauern des Haltens von Wertpapieren verlangen, damit sich das Umschichten der Portfolios weniger nach kurzfristigen Kostenvorteilen und mehr nach langfristigen Wertzuwachskriterien richtet. Ferner kann (wie in den Niederlanden) ein Steuervorteil für ökologische Portfolios gewährt werden. Und insgesamt ist eine hohe Transparenz der Fonds gefordert, damit Kunden und Politik eine Chance haben, die langfristige und möglichst sozialverträgliche Ausrichtung der Geldanlage durchzusetzen.

Diese drei traditionellen Säulen können das Gebäude tragen, wie Erfahrungen in anderen Ländern zeigen. Diejenigen Länder, in denen die Säule der Umlage schwächer und die Säulen der Betriebsrenten und der Kapitaldeckung stärker sind, haben deutlich geringere finanzielle Sorgen mit ihrer Altersversorgung als Deutschland. Gleichwohl tritt auch dort das demographische Problem machtvoll auf.

Der größte Teil der politischen Diskussion über die Altersversorgung betrifft die Frage, welche der drei Säulen jetzt gestärkt werden müsste. Ich halte diese Diskussion zwar nicht für unwichtig und tendiere dazu, in Deutschland die privatwirtschaftliche Säule zu stärken und in den USA die öffentliche Säule, das Umlagesystem. Aber ich behaupte, dass Prosperität in einer alternden Gesellschaft erst dann zustande kommt und gegen weitere demographische Verschiebungen robust gemacht werden kann, wenn noch zwei weitere Säulen errichtet werden.

4 Fünf Säulen

Zusätzlich zu den drei traditionellen Säulen schlage ich zwei weitere vor. Eine weitere Säule ist von der SPD im Wahlkampf 1998 vorgeschlagen worden: die Beteiligung am Kapitalstock der Wirtschaft. Insofern damit der Erwerb von Aktien gemeint ist, ist diese Säule nicht wesensverschieden vom herkömmlichen Kapitaldeckungsverfahren. Ein merklich anderer Vorschlag der Kapitalbeteiligung sind Anteilscheine am eigenen Betrieb, mit stark begrenzter Veräußerungsmöglichkeit. Am bekanntesten ist vielleicht das Beispiel von United Airlines, einem überdurchschnittlich erfolgreichen Unternehmen, welches hauptsächlich im Eigentum seiner Betriebsangehörigen ist. In den USA ist diese Art der Kapitalbildung in den Händen vieler unter dem Namen ESOP (Employee Stock Ownership Plans) geläufig[1]. Der Grundgedanke ist, die Kapitalakkumulation nicht auf die relativ wenigen Wohlhabenden zu beschränken und zugleich eine hohe Identifikation von Angestellten und Arbeitern mit der eigenen Firma zu bewirken. Ich bin überzeugt, dass dieser Weg, von dem der Schweizer Industrielle Stephan Schmidheiny sagt, er könne den Kapitalismus retten[2], aus *verteilungspolitischen* Gründen große Beachtung verdient. Aber er hat keine große Spezifität in Bezug auf die Altersversorgung. Daher nummeriere ich die entsprechende Säule als die fünfte und verfolge sie in diesem Aufsatz nicht weiter.

Als *vierte Säule* bezeichne ich die bewusste Umkehr der Politik des vorgezogenen Ruhestands. Es soll Arbeitswilligen erlaubt, ja versüßt werden, bis ins hohe Alter einer

---

1 *Jeff Gates*: The Ownwership Solution, Reading, Mass.: Perseus Books, 1999.
2 ebd. Vorwort zu *Jeff Gates*.

bezahlten – möglichst Teilzeit – Beschäftigung nachzugehen. Wer in dieser Weise beschäftigt ist, sollte seinerseits noch Beiträge an die gesetzliche Rentenversicherung abführen oder aber sich einen Teil seines Verdienstes auf die Rentenauszahlung anrechnen lassen. Es verbleibt immer noch ein beträchtlicher monetärer Anreiz zum Arbeiten.

Die „Genfer Vereinigung" der Versicherungsgesellschaft wirbt seit einigen Jahren für dieses Modell unter dem Namen „die vierte Säule" (The Fourth Pillar). Nach der Argumentation der Projektleiterin Geneviève Reday-Mulvey[3] kommen vier starke Gründe zusammen, um diesen dem bisherigen Zeitgeist diametral widersprechenden Vorschlag zu machen: zwei triviale und zwei neuartige:

– die demographische Entwicklung;
– die damit zusammenhängende Finanzkrise der öffentlichen Altersversorgung;
– die Gesundheit und der Bildungsstand der Sechzig- bis Achtzigjährigen haben sich beide dramatisch verbessert gegenüber den Tagen, als die Rente mit 65 eingeführt wurde;
– Arbeitsfelder sind in großer Zahl aufgetaucht, die gegenüber früher als ausgesprochen leicht und abwechslungsreich angesehen werden können.

Die Genfer Vereinigung schätzt, dass die vierte Säule bis 2020 einen Beitrag von 10 Prozent zur Altersversorgung liefern könnte. Es ist dabei übrigens unerheblich, ob das im

---

3 *Geneviève Reday-Mulvey*: Gradual Retirement: A bridge from work to retirement and a flexible extension of working life. Konferenzbeitrag für Investing in Productive Ageing, 24. November 1998, erhältlich über die Autorin Geneva Association, 18 Chemin Rieu, CH 1208 Genève.

Alter erwirtschaftete Arbeitseinkommen auch noch einer der anderen Säulen zugute kommt. Der Beitrag der Umlage könnte von über 75 Prozent auf 50 Prozent absinken, der der Kapitaldeckung von 10 Prozent auf 25 Prozent ansteigen und der der Betriebsrenten von 10 Prozent auf 15 Prozent[4]. Die Zahlen beziehen sich auf Frankreich, aber die deutsche Situation ist in der Größenordnung vergleichbar.

5 Nimmt das nicht den Jungen Arbeitsplätze weg?

Die Politik der Frühverrentung hatte ein klares Ziel: Abbau der Arbeitslosigkeit. Wäre dieses Ziel erreicht worden, dann hätten wir heute trotz der demographischen Entwicklung wesentlich gesündere Staatsfinanzen. In Wirklichkeit aber hat sich die Frühverrentung und die Arbeitslosigkeit als ein gegenseitiger Teufelskreis erwiesen. Dass die Rentenbeiträge von 1973 bis 1998 „nur" von 18,0 Prozent auf 20,3 Prozent angestiegen sind[5], ist der gigantischen Zuzahlung aus der Steuer zu verdanken. Der Rationalisierungsdruck erhöhte sich laufend, und mit ihm der „Schwellenwert", oberhalb dessen Wachstum positive Netto-Beschäftigungseffekte hat. In Deutschland liegt er bei etwa 2,3 Prozent, in den USA bei etwa 0,7 Prozent! Auch wenn die Gründe für die Arbeitslosigkeit längst nicht so einfach sind wie diese konventionelle wirtschaftspolitische Argumentation, gibt es doch keinen Zweifel an einem prinzipiellen Zusammenhang zwischen Bruttoarbeitskosten und Arbeitslosigkeit.

---

4 *Geneviève Reday-Mulvey*: Additional Note on the Future of Pension Systems, Rome Conference on the Reorganisation of Health and Pension Systems, 20 Mai 1999, erhältlich über die Autorin (vgl. Fußnote 3)
5 VDR: Rentenversicherung in Zahlen 1999, Frankfurt/Main, 1999.

Hierdurch wird jedoch das Argument, dass länger arbeitende Ältere den Jüngeren Arbeitsplätze wegnehmen, nicht einfach falsch. Es muss nur umformuliert werden. Arbeitsplätze, die sich aufgrund von Muskel-, Aufmerksamkeits- oder Ausdauer-Anforderungen hauptsächlich für Jüngere eignen, sollten wie heute von den Älteren frühzeitig verlassen werden. Das ist ja der weiterhin legitime Kern der IG-Metall-Forderung nach einer Rente mit sechzig. Auch dort, wo etwa durch öffentliche Haushaltsbeschränkungen und tarifliche Inflexibilität die Zahl der Stellen deutlich geringer ist als die Zahl der jungen Bewerber/Anwärter (also etwa im Schuldienst), sollte ein freiwilliges frühes Ausscheiden von Älteren empfohlen werden. Aber das Geld fehlt ganz einfach, um den früheren Ausstieg ohne finanzielle Einbußen zu gewähren.

Um den Ausstieg dennoch attraktiv zu machen, sollten dafür aktiv und kreativ „Arbeitsplätze" geschaffen werden, die für Jüngere nicht ernstlich in Frage kommen. Typischerweise handelt es sich um Teilzeitarbeiten, die eine zeitliche Flexibilität verlangen und von denen ein Alleinverdiener niemals eine Familie ernähren könnte.

6 Ein Universum neuer Tätigkeiten

Um was für „Arbeitsplätze" kann es sich hier handeln? Der quantitativ vielleicht wichtigste Bereich ist – Ironie oder nicht – die Altenbetreuung. Die gute Gesundheit der Sechzigjährigen bedeutet ja keineswegs, dass die Zahl der durch Alterssymptome Hilfsbedürftigen abgenommen hätte. Im Gegenteil: Die Zahl der Hilfsbedürftigen hat gegenüber dem Jahr 1900 stark zugenommen, und der Prozentsatz derer, die von ihrer Familie betreut werden, hat stark abgenommen. Altenheime und Seniorenwohnsitze sind ausgesprochen teure Lösungen des Problems.

Aus Sicht der jungen Generation ist eine Kostensenkung in diesem Bereich dringend wünschenswert, weil sie die erforderliche Entlastung der sozialen Sicherungssysteme erst möglich macht. Die im Gegenzug geringfügig abnehmenden Arbeitsplätze für Jüngere in der professionellen Altenversorgung ist im Vergleich durchaus verschmerzbar.

Leichte, zumeist nachbarschaftliche Hilfs- und Betreuungsdienste, von rüstigen Sechzig- und Fünfundsiebzigjährigen gegen Bezahlung und auf Teilzeitbasis angeboten, können einen wesentlichen Beitrag zur Kostendämpfung leisten, die nachbarschaftlichen Beziehungen verbessern und von den Betreuern als gewinnbringend im doppelten Wortsinn erfahren werden. Oft geht es um nicht mehr als eine problemlose, rasche Verfügbarkeit. Wenn ein Achtzigjähriger oder eine Neunzigjährige Briefmarken braucht oder die neue Stromrechnung nicht versteht oder den Müll nicht vors Haus bringen mag, dann ist das noch lange kein Fall für einen Anruf beim professionellen AWO- oder Caritas-Betreuer, und schon gar nicht beim Hausarzt oder einer Notrufzentrale. Aber die Masse solcher kleinen Sorgen macht es, dass er oder sie sich vor der Zeit nach einem Altenheim sehnt. Wenn der oder die Siebzigjährige aus der Nachbarwohnung mit Klingelzeichen gehört werden kann, wenn er oder sie dann auch auf ein Schwätzchen bleibt, einen Kaffee kocht, im Kühlschrank Vergammeltes beseitigt und vielleicht herausfindet, dass das „Essen auf Rädern" einmal mit einem Diätarzt besprochen werden sollte, dann sind das Hilfen, Dienstleistungen, die gut und gerne einen Tausender im Monat wert sind. Und wenn der Kostenträger (der alte Mensch selbst oder eine Versicherung) vor der Alternative Altersheim oder Nachbarbetreuung steht, fällt die Wahl für das Letztere nicht schwer.

Das war nun *ein* Beispiel für eine geldwerte Tätigkeit für rüstige Ältere. Andere Beispiele haben mit der Traditionspflege zu tun. Antiquitäten- und Antiquarsarbeiten sind oft für Jüngere wenig attraktiv und sind problemlos in fast beliebigen Teilzeitmustern unterzubringen. Weiter geht es mit einfachen gärtnerischen und sogar landwirtschaftlichen Arbeiten (wie sie auf den Bauernhöfen seit Jahrhunderten von den Alten besorgt wurden). Reparaturarbeiten an Geräten, wo der Fachhandel längst abwinkt, sind für Bastler und für frühere Profis eine Befriedigung und eine legitime Geldquelle.

Ein neues Feld für Ältere öffnet sich durch den Computer und das Internet. Sowohl für die Freizeit wie für gewerbliche Tätigkeiten gibt es hier fast unbegrenzte Entfaltungsmöglichkeiten für Personen, die das neue Medium in jüngeren Jahren schon genutzt haben, aber auch für solche, die es erst nach Erreichen der üblichen Ruhestandsgrenze für sich entdecken. Das Auffinden von Informationen im Internet ist für viele Berufstätige und sogar für manche Studenten und Schüler einfach zu zeitraubend. Warum soll nicht eine „Opa-Agentur" etwas zeitaufwendige Spezialsuchdienste anbieten?

Was die rüstigen Älteren anbieten, kann ebenso gut eine herkömmliche Dienstleistung wie technisch ganz modern sein; und es kann ihnen selbst mächtig Spaß machen.

Der häufigste Einwand, dem ich im Gespräch begegne, lautet: Das geschieht doch heute alles längst, bloß wird es unentgeltlich oder in Schwarzarbeit gemacht. Nun – gegen unentgeltliche Freundschaftsdienste ist gar nichts zu sagen. Die „Schwarzarbeit" im Alter soll man nicht generell verteufeln. Sie ist im wesentlichen die Folge davon, dass reguläre Arbeit entweder nicht erlaubt ist oder in einem prohibitiven Umfang auf die Rente angerechnet wird. Das müsste natürlich korrigiert werden. Höchstens 50 Prozent, ich plädiere eher für 35 Prozent, soll – jenseits der 630-Mark-Regel – auf die Rente angerechnet werden. Es wird weiterhin eine große Grauzone geben, wo sich der Staat auch nicht mit großem Schnüffelaufwand einzumischen braucht. Denn die Arbeit in der Dritten Lebensphase schafft in jedem Fall Mehrwert. In welchem quantitativen Umfang dieser Mehrwert der Entlastung der Rentenkasse zugute kommt, ist vielleicht am Ende gar nicht so wichtig.

Seit das öffentliche Bewusstsein mit der Kalamität der Rentenfinanzierung voll vertraut ist, darf man darauf zählen, dass jede und jeder, die oder der einen sichtbaren Beitrag zur Entschärfung der Lage leistet (und dabei noch einen eigenen Vorteil nach Hause trägt), dieses mit erhobenem Haupt tut. Wenn sich Pioniere der flexiblen Altersarbeit einmal als Pioniere einer neuen gesellschaftlichen Wertschöpfung durchgesetzt haben, dann kann diese Arbeit zum modischen Schick werden, zu einer Selbstwertstärkung für die Dritte Lebensphase, zur Waffe gegen Vereinsamung. Sie kann Hand in Hand mit der demographischen Entwicklung zunehmen und einen immer größeren Beitrag zur Lösung des Problems der Rentenfinanzierung leisten.

Ein naheliegender, aber nicht stichhaltiger Einwand könnte ähnlich lauten wie die üblichen Einwände gegen andere zusätzliche Säulen der Altersversorgung: Wenn sich die Gesellschaft einmal in Abhängigkeit von weiteren Säulen begibt, kommt sie auch in Versuchung, die Finanzierung der Ersten Säule zu vernachlässigen. Die Aussage ist zwar nicht falsch, aber sie ist kein guter Einwand. Denn wenn man die zusätzlichen Säulen *nicht* aufbaut, wird aller Eifer der Stützung der solidarischen Rente nicht verhindern, dass sie entweder drastisch gekürzt wird oder mit immer unerträglicheren Steuersubventionen aufrechterhalten werden muss. Der 1999 erlebte Streit um die Rente war dann nur ein Vorbote für das eigentliche politische Erdbeben. Die Vierte Säule erfüllt nicht nur den guten Zweck, die Solidar-Rente quantitativ zu stabilisieren, sondern sie hat auch selbst einen verteilungspolitischen Charme. Die Arbeitsfähigkeit im Alter hat keinen erkennbaren Zusammenhang mit Kapitalprivilegien. Und sie dürfte hauptsächlich von denjenigen ausgenützt werden, denen ein Zubrot den Lebensabend merklich verschönert.

Die Gestaltung der Vierten Säule könnte eine politische Großtat werden, nicht geringer als die Einführung der Umweltpolitik, die europäische Wirtschaftsintegration oder eine durchgreifende Steuerreform. Es wird Skeptiker zuhauf geben, und es wird interessengebundene Widerstände geben. Aber aus finanzpolitischen Gründen ist die Vierte Säule nach meiner Einschätzung unvermeidlich. Und im Sinne eines Menschenbildes, bei dem sinnvolle Arbeit wesensbestimmend ist, ist sie ausgesprochen wünschenswert.

7 Zurück zur Ökologie

Das Gesagte hat einen zwar nur indirekten, aber doch mächtigen Einfluss auf die Umweltpolitik. Die eingangs genannte Umweltmüdigkeit im Zusammenhang mit der Shareholder-Value-Mentalität ist kaum zu überwinden, wenn die Staatsfinanzen zerrüttet sind und/oder die Abgabenlast zu hoch ist. Und die konsequente Fortsetzung der ökologischen Steuerreform ist nicht durchsetzbar, wenn sie ständig unter dem Odium leidet, wertvolles Steuergeld in ein Fass ohne Boden zu schütten.

Die ökologische Steuerreform, das muss auch an dieser Stelle angemerkt werden, macht ökologisch überhaupt keinen Sinn, wenn an ihr nicht über lange Zeit mit kleinen, langfristig festgelegten Schritten festgehalten wird. Als Eintagsfliege ist sie wirkungslos. Wenn dagegen die Preise für den Naturverbrauch langfristig und eindeutig nach oben gehen, dann lösen sie Technologieinvestitionen und Planungs- und Verhaltensänderungen aus, die im Laufe von wenigen Jahrzehnten gut und gerne einen Faktor vier in der Effizienz der Naturnutzung erbringen.[6] Das bedeutet aber auch, dass das Aufkommen aus der Ökosteuer mittelfristig stagnieren wird – ich schätze etwa ab dem zwanzigsten Jahr –, auch wenn die Steuersätze laufend weiter steigen. Für eine immer kräftiger werdende Finanzspritze für die Rentenkasse eignen sich Ökosteuern also langfristig nicht, wenn sie die erwartete hohe ökologische Lenkungswirkung haben (was aber in keiner Weise dagegen spricht, das erzielte Aufkommen zur Senkung der Rentenbeiträge zu verwenden!).

Nicht minder wichtig als die pauschale Wirtschaftsbeeinflussung durch die ökologische Steuerreform (und eine entsprechende Reform des Subventionswesens) ist die ökologische Beeinflussung der Kapitalmärkte. Das prinzipiell effizienzerhöhende Wirken der Kapitalmärkte darf dabei nicht behindert werden. Aber es ist legitim und im Sinne der langfristigen Prosperität geboten, die Ausrichtung von Anlagetiteln an ökologische und andere „ethische" Kriterien[7] steuerlich oder anders zu belohnen.

---

6 *E. U. v. Weizsäcker, Amory Lovins, Hunter Lovins*: Faktor Vier. Doppelter Wohlstand – halbierter Naturverbrauch. München, Droemer Knaur 1997.

7 *Antje Schneeweiß*: Mein Geld soll Leben fördern - Hintergrund und Praxis ethischer Geldanlagen, Mainz 1998.

Die Tatsache, dass schon 1997 einige Ökoportfolios und Einzelaktien eine überdurchschnittliche Performance hatten[8], und dass sich dieser Trend seither im wesentlichen fortgesetzt hat, ist noch keinerlei Grund zur Inaktivität auf diesem Gebiet. Denn bislang handelte es sich bei den ökologischen Vorzeigewerten im wesentlichen um Firmen, die eine spannende Novität vertreten (Paradebeispiel: Ballard mit seiner Brennstoffzellenentwicklung) oder die einfach ein modernes Umweltmanagement eingeführt haben, welches mehr Transparenz schafft, Einkaufs-Einsparungen bringt, die Kundenbindung verbessert oder andere relativ herkömmliche Vorteile bringt. Von einer neuen ökologischen Ausrichtung des technischen Fortschritts sind diese Klein-Erfolge noch weit entfernt.

Die Politik, aber auch die institutionellen Anleger sollten sich systematisch damit beschäftigen, das Kapitaldeckungsverfahren der Altersversorgung ökologisch auszurichten, damit es sich nicht in weniger als einer Generation selbst diskreditiert. Das könnte dann zu irrationalen Gegenreaktionen führen.

---

8 *Jerald Blumberg, Åge Korsvold, Georges Blum.* Environmental Performance and Shareholder Value, World Business Council for Sustainable Development, Genf, 1997.

Die Autoren

Prof. Dr. *Herwig Birg* ist Geschäftsführender Direktor des Instituts für Bevölkerungsforschung und Sozialpolitik (IBS) der Universität Bielefeld

Dr. *Bernhard Boockmann* ist wissenschaftlicher Mitarbeiter im Forschungsbereich Arbeitsmärkte, Personalmanagement und Soziale Sicherung am Zentrum für Europäische Wirtschaftsforschung, Mannheim

Dr. *Gert Dahlmanns* ist Vorstand des Frankfurter Instituts - Stiftung Marktwirtschaft und Politik, Bad Homburg

Stephanie Mohr-Hauke ist Personal- und Organisationsentwicklerin in einem Telekommunikationsunternehmen

Prof. Dr. Dr. h.c. *Bert Rürup* ist Ordinarius für Finanz- und Wirtschaftspolitik an der Technischen Universität Darmstadt und Mitglied im Sachverständigenrat zur Begutachtung der gesamtwirtschaftlichen Entwicklung

Dr. *Viktor Steiner* ist Leiter des Forschungsbereichs Arbeitsmärkte, Personalmanagement und Soziale Sicherung am Zentrum für Europäische Wirtschaftsforschung, Mannheim

Andreas Storm ist Mitglied des Deutschen Bundestages, Vorsitzender der Rentenkommission der CDU und Sprecher der CDU/CSU-Fraktion in der Enquete-Kommission „Demographischer Wandel"

Dr. *Ernst Ulrich von Weizsäcker* ist Mitglied des Deutschen Bundestages, Vorsitzender der Enquete Kommission „Globalisierung der Weltwirtschaft" und Präsident des Wuppertal-Instituts für Klima, Umwelt, Energie

Weitere Titel aus dieser Reihe

Mehr Beschäftigung – Sisyphusarbeit gegen Tarifpartner und Staat
von Norbert Berthold (2000)

Weltwirtschaft wohin? – Langzeitdenken als Orientierungshilfe
von Alfred Zänker (1999)

Perspektiven des Europäischen Kartellrechts
Redigiertes Protokoll einer Tagung des Frankfurter Instituts (1999)

Der Sozialstaat – Verlockung und Verirrung im Spiegel Schweden
von Alfred Zänker (1998)

Rentenreform – Lehren von draußen
Berichtsband über eine Veranstaltung des Frankfurter Instituts (1997)

Wohnungsmärkte im Aufbruch – Privatisierung des Wohnens in Transformationsländern
von Walter Hamm (1997)

Rentenkrise. Und wie wir sie meistern können
mit Beiträgen von Gary S. Becker et al. (1997)

Weitere Titel zu diesem Thema
aus dem Frankfurter Institut

Rohstoff Bildung
Beiträge zu einer Tagung des Frankfurter Instituts,
herausgegeben von Konrad Morath (2000)

Arbeitszeiten und soziale Sicherung flexibler gestalten
eine Studie des Kronberger Kreises (1999)

Verläßliche soziale Sicherung
Beiträge zu einer Tagung des Frankfurter Instituts,
herausgegeben von Konrad Morath (1998)

**Die Aufgaben – Wirtschaftspolitische Orientierung
für die kommenden Jahre**
eine Studie des Kronberger Kreises (1998)

Einwanderungspolitik – Möglichkeiten und Grenzen
eine Studie des Kronberger Kreises (1994)

Mehr Langfristdenken in Gesellschaft und Politik
eine Studie des Kronberger Kreises (1994)